Espinosa, Ana Lucía
Análisis de Marianela / Ana Lucía Espinosa. -- Bogotá:
Panamericana Editorial, 2003.
84 p.; 21 cm. -- (Centro literario)
Incluye bibliografía.
ISBN 958-30-1224-6
1. Pérez Galdós, Benito, 1843-1920. Marianela - Análisis literario
2. Pérez Galdós, Benito, 1843-1920. Marianela - Crítica e interpretación I. Tít. II. Serie
860.4 cd 19 ed.
AHR4401

CEP-Banco de la República-Biblioteca Luis Ángel Arango

Análisis de

Marianela

Benito Pérez Galdós

Por Ana Lucía Espinosa

Centro Literario

Terranova
EDITORES

Editor
Panamericana Editorial Ltda.

Autor
Ana Lucía Espinosa

Diagramación
Nayibe Jiménez L.

Diseño de carátula
Julián De Narváez Barrera

Primera edición en Editorial Voluntad S. A., 1991
Primera edición en Panamericana Editorial Ltda., bajo el sello editorial de Terranova Editores®, octubre de 2003

Calle 12 No. 34-20, Tels.: 3603077 - 2770100
Fax: (57 1) 2373805
Correo electrónico: panaedit@panamericanaeditorial.com
www.panamericanaeditorial.com
Bogotá, D. C., Colombia

ISBN: 958-30-1224-6

Impreso por Panamericana Formas e Impresos S. A.
Calle 65 No. 95-28, Tels.: 4302110 - 4300355, Fax: (57 1) 2763008
Quien sólo actúa como impresor.

Impreso en Colombia Printed in Colombia

TABLA DE CONTENIDO

EPÍGRAFE

"Madre de Dios y mía, ¿por qué no me hiciste hermosa?... ¿Por qué cuando mi madre me tuvo no me miraste desde arriba?... Mientras más me miro, más fea me encuentro. ¿Para qué estoy yo en el mundo? ¿A quién puedo interesar?"

Marianela, capítulo XIII.

"—¡Oh! ¡qué horroroso misterio!

—¡No, misterio no! (...); es el horrendo desplome de las ilusiones, es el brusco golpe de la realidad, de esa niveladora implacable que se ha interpuesto al fin entre esos dos nobles seres".

Marianela, capítulo XXI.

Benito Pérez Galdós

BIOGRAFÍA DEL AUTOR

RESEÑA BIOGRÁFICA

Benito Pérez Galdós nace en las Islas Canarias, uno de los territorios ultramarinos del imperio español, en el seno de una familia acomodada de clase media en ascenso. Esta familia adinerada conserva los grandes rasgos de la sociedad española tradicional, como son el militarismo y la religiosidad. Lo anterior, unido al momento histórico que vivió Pérez Galdós, cuya vida abarca del 19 de mayo 1843 al 4 de enero de 1920, hace de la obra de este escritor una pieza clave para observar el desarrollo social, político y literario de la España de finales del siglo XIX y de comienzos del XX.

En Las Palmas, capital de las Islas Canarias, realiza todos sus estudios tanto de primaria como de secundaria. Desde el comienzo, su educación es orientada hacia la vocación artística, sintiéndose atraído por la música, la pintura y el dibujo. Paralelamente con su formación secundaria, empieza a incursionar en el mundo literario, es decir, a escribir como todos adolescente, verso y algunas prosas.

En 1862, apoyado por su familia, decide estudiar Derecho en Madrid, hecho que cambiará definitivamente su vida, ya que despertará en él un profundo interés por el mundo de la gran ciudad. Este mundo será retratado en sus obras más importantes: *Doña Perfecta, Fortunata y Jacinta* y *Las novelas de Torquemada.* Hacia 1865 abandona sus estudios para ingresar como periodista en *La Nación* de Madrid, oportunidad que aprovechará para hacer borradores de trabajos que publicaría luego. En su labor periodística presencia violentos acontecimientos que marcarán la posterior consolidación ideológica de su obra. Quizás el hecho que más lo afecta es el fusilamiento, en 1865, de un grupo de sargentos sublevados contra el gobierno aristocrático.

Por esta época empieza a escribir algunas obras dramáticas, como *La expulsión de los moriscos,* sin mayor calidad literaria. Sin embargo, en 1886 traduce del inglés *Papeles póstumos del Club Pickwick,* de Charles Dickens (1812-1870), dando a conocer en España la mejor literatura realista de Inglaterra. Además, al año siguiente viaja a París y adquiere algunas obras de Honoré de Balzac, el novelista francés, uno de los autores que más lo influiría. Este hecho es testimoniado por el mismo Pérez Galdós:

"El primer libro que compré fue un tomito de Balzac (...) Con la lectura de aquel librito, *Eugenia Grandet,* me desayuné del gran escritor francés, y en aquel viaje a París y en lo sucesivo completé la colección de ochenta y tantos tomos, que aún conservo con religiosa veneración".

En verdad, sí podemos creer en una "religiosa veneración": tanto Balzac como Dickens se constituyen en sus maestros, al lado de dos compatriotas suyos: Francisco de Quevedo (1580-1645) y Miguel de Cervantes (1547-1616), cuyas obras, *La vida del Buscón* y *Don Quijote de la Mancha,* respectivamente, lo guiará en adelante.

Mientras Galdós prepara su obra, España vive la llamada "Revolución Liberal" o revolución burguesa de 1868: grandes cambios políticos que van a afectar toda la dinámica cultural de fin de siglo. Hasta 1868, España es el país más conservador de toda Europa, donde todavía se respeta y obedece al sistema aristocrático con rasgos muy tenues de republicanismo. La reina Isabel II sigue gobernando con grandes privilegios, mientras que en otros países, como Inglaterra y Francia, se ha dado paso a un sistema democrático en el que la clase media —la burguesía— por medio de su poder económico, ha ascendido hasta tomar en sus manos el control del Estado. Durante años, los militares, apoyados por la clase media, estaban planeando un golpe de Estado a la nobleza, pero sólo es hasta 1868 cuando logran expulsar a la reina, quien se tiene que asilar en el exterior.

Para Galdós, la llegada de la burguesía al poder en España resulta muy importante porque nos permite contextualizar el fenómeno literario que se conoce como "La novela realista española", del cual Pérez Galdós es el mejor exponente. Este aspecto será tratado en detalle más adelante.

Desde este momento, Galdós inicia su carrera novelística con *La fontana de oro,* escrita entre 1867 y 1868 y publicada en 1870. Luego, en 1873, comienza con *Trafalgar,* su más extensa obra: *Los episodios nacionales,* una serie de 46 narraciones que escribe a lo largo de su vida, en las que reflexiona sobre la historia de la España contemporánea, buscando con análisis e interpretación del pasado la explicación de la situación presente. Desde aquí se va gestando su estilo crítico, que caracterizará al resto de su producción literaria.

En las novelas de esta primera época, es decir, las comprendidas entre 1870 y 1880, encontramos una característica común: una fuerte crítica a la religión. Novelas como *Doña Perfecta, Gloria* y *Marianela,* sumadas a su declarado liberalismo progresista, hicieron que muchos se refirieran a Galdós como "uno de los grandes enemigos de la Iglesia".

En la segunda época de su producción, la crítica de la religión será remplazada por una crítica de espíritu reformista que se dirige a los problemas sociales y políticos, aprovechando el teatro como medio más directo para comunicarse con el público, y a Madrid como un gran personaje colectivo en el que se refleja toda España. En 1892 escenifica la novela *Reali-*

dad, logrando gran acogida dentro del público. A pesar del éxito de esta obra, su carácter crítico la convierte en un elemento incómodo en las altas esferas literarias, de las cuales recibe un fuerte rechazo, comenzando por la entidad literaria más formal de España: la Real Academia de la Lengua. Este antagonismo se revelará gravemente en 1905 cuando Pérez Galdós es candidatizado al Premio nóbel y encuentra la oposición abierta de sus antiguos detractores.

A partir de aquí comienza el descenso de la prolífica producción galdosiana y el descalabro económico del novelista. No obstante ser elegido un año más tarde como diputado por el partido republicano, Galdós no podrá recuperarse y, sumido en la pobreza, desprestigiado, en soledad y ciego, muere en un sanatorio el 4 de enero de 1920.

La obra de Pérez Galdós

Como escritor fue prolífico: escribió casi dos novelas por año y en toda su carrera literaria, cerca de una veintena de obras teatrales.

Además, como ya lo hemos dicho, los *Episodios nacionales* (1873-1911) superan los cuarenta títulos, una obra demasiado amplia para contemplarla en un pequeño ensayo como éste. Procuraremos referirnos a las características generales de toda su obra en conjunto, deteniéndonos principalmente en dos aspectos: la novela realista y la actitud crítica del mundo.

¿Qué es el realismo?

Mucho se ha hablado del realismo en literatura, y por ello es necesario precisar qué es y a qué se suele hacer referencia con este concepto. De acuerdo con Francisco Ayala, novelista y ensayista español, cuando hablamos de "realismo" nos referimos a un período de la literatura universal y del arte en general, que surge en Francia hacia 1840 como reacción al romanticismo. Mientras que los románticos giraban en torno a un "yo" sufrido y subjetivo, los realistas dirigen su atención a la realidad del mundo exterior, "combatiendo todo subjetivismo, frenando la imaginación, rechazando lo fantástico y lo maravilloso", con la pretensión de ser objetivos para contar los hechos crudos y vivamente, tal como suceden.

Según el crítico y poeta español Lázaro Carreter, el "realismo" posee dos características generales:

• *Rigurosa observación de la vida.* "Con una objetividad casi científica, los autores aportan nuevos métodos de explorar la realidad: se documentan sobre el terreno formando minuciosos apuntes sobre los escenarios, las gentes, la indumentaria, etc., o investigan en libros para conseguir la exactitud ambiental". Recordemos que Sherlock Holmes, uno de los más grandes *observadores* de la literatura universal, es producto del realismo del siglo XIX.

• *Propósito social o moral.* "Los novelistas suelen poner al descubierto los vicios de la sociedad con una actitud crítica. En el estilo, al contrario de los románticos, prefieren una prosa sobria, a veces descuidada, pero casi siempre adaptada en los diálogos a la identidad de los personajes".

Uno de los fundadores de esta nueva manera de ver el mundo fue Honoré de Balzac, quien escribió desde 1842 una de las obras cumbres del realismo: *La comedia humana.* Otros grandes novelistas del realismo son Gustave Flaubert (*Madame Bovary*), Charles Dickens (*Tiempos difíciles*), León Tolstoi (*La guerra y la paz*), y Pérez Galdós, autores que se proponen, cada uno a su modo, mostrar la sociedad de su tiempo.

Así, la novela realista se convierte en un nuevo concepto artístico: por una parte, es un espejo que comunica al lector la realidad presente, pues expone sus personajes en las condiciones y situaciones en que están los hombres de la misma época;

por otra, teniendo en cuenta que las situaciones son de carácter social, pretende hacer un análisis profundo y crítico de la política, la religión, las clases sociales, etc.

Para hablar del realismo en la literatura española, nos centramos en un hecho que ya hemos referido: la revolución burguesa de 1868, que marca fuertemente al grupo de escritores de la época, conocidos como la "Generación del 68". Éstos se preocuparon por relatar la nueva visión del mundo, producto de la transformación social. La antigua visión era aristocratizante y no crítica; con la llegada de la burguesía se imponen nuevos puntos de vista. Escritores como Galdós, Pereda, "Clarín", se ocupan principalmente de retratar las diferencias sociales, los conflictos ideológicos entre conservadores y liberales, y por reinterpretar la historia española.

Actitud crítica ante el mundo

Pérez Galdós resulta ser uno de los más fuertes críticos de la sociedad tradicional y excesivamente moralizadora de la España de la segunda mitad del siglo XIX. En sus primeros trabajos apunta directamente a uno de los problemas más graves de este país: la religión, causa del atraso económico de España. Para Galdós, la Iglesia equivale al fanatismo, a la intransigencia y a la opresión intelectual y social, aspectos totalmente opuestos a su ideología liberal progresista. Sin embargo, con sus obras no pretende desarrollar su tesis política, sino que se ocupa de mostrar todos los aspectos que le parecen negativos.

Esto queda claro en *Doña Perfecta* (1876), novela que narra el conflicto entre un joven ingeniero de ideas liberales y la sociedad de un pueblo campesino, representada en el protagonista sacerdote del pueblo, de ideas estrechas y conservadoras, cargado de oscurantismo y prejuicios. Otro de los temas que retrata más críticamente es la clase media madrileña, mostrando el desmesurado afán con que los burgueses quieren ascender al poder. Tal vez el mejor ejemplo, en la serie de *Las novelas de Torquemada* (1899-95), es el personaje Francisco de Torquemada, avaro comerciante.

Importancia literaria

La obra de Pérez Galdós representa toda una reflexión social, e incluso una revaloración de los procesos históricos de la España del siglo XIX. Algunos críticos han catalogado a Benito Pérez Galdós como el segundo gran novelista español, después de Cervantes. Y es indudable que, al menos, es el novelista más importante que España dio al movimiento del realismo europeo.

En la actualidad, pese a que gran parte de su producción se encuentra en un inmerecido olvido, existen dos publicaciones dedicadas exclusivamente al estudio de su obra: *Anales galdosianos* (desde 1966) y *Galdós Studies* (desde 1970). Además, algunas de sus obras más importantes han sido llevadas al cine; tal es el caso de *Nazarín* y *Tristana*, películas que fueron dirigidas por Luis Buñuel. Recientemente también se han hecho adaptaciones para televisión de *Fortunata y Jacinta* en España, y de *Marianela* en Colombia.

Otras obras de Pérez Galdós

Novelas:

- *Gloria (1877).*
- *Marianela (1878).*
- *La de Bringas (1884).*
- *Miau (1888).*
- *Ángel Guerra (1890).*
- *Nazarín (1895).*
- *Misericordia (1897).*
- *El doctor Centeno (1883).*

Episodios Nacionales:

- *Trafalgar (1873).*
- *La Corte de Carlos IV (1877).*
- *El terror de 1824 (1877).*
- *Mendizábal (1898).*
- *Las tormentas de 48 (1902).*
- *España sin rey (1907-8).*
- *La primera República (1911).*
- *Cánovas (1911).*

Dramas y comedias:

Realidad (1892).
La loca de la casa (1893).
Electra (1901).
Casandra (1910).
Santa Juana del Castillo (1918).

Introducción a la obra

Todas las obras de Pérez Galdós dibujan el sentir de la vida española de finales del siglo XIX y comienzos del XX. La gran mayoría representan el panorama general de la gran ciudad, Madrid; otras, como los *Episodios*, o el teatro, analizan el mundo político-histórico de España. Frente a estas dos corrientes de su obra hay otra que se ocupa de los problemas rurales: *Marianela* es un magnífico ejemplo.

Esta novela, como las obras de su primera producción, contiene una fuerte crítica a la religión, a la cual culpa del atraso del pueblo español, sumido en un mundo de supersticiones y fanatismos.

Pérez Galdós pone en escena un personaje pobre y muy inocente, Marianela, y le destina un final trágico. La novela parte de un acontecimiento irónico: el suntuoso entierro de la mendiga, para retornar el pasado y desmentir el presente. Galdós quiere mostrar en el destino de Marianela las consecuencias de una vida basada en valores estrechos, valores que no corresponden ni a las necesidades humanas ni a la felicidad.

Ello, sumado a la tendencia realista ("la imagen de la vida es la novela"), lleva a Galdós a reproducir el ambiente de las minas de Socartes —donde se desarrolla la novela—, "los caracteres humanos, las pasiones, las debilidades, lo grande y lo pequeño, las almas y las fisonomías, todo lo espiritual y lo físico", utilizando un lenguaje sencillo. Todo guiado por la voz de cada personaje, los cuales se constituyen en una imagen tipológica de su portador: existe una variedad de puntos de vista y opiniones, y por tanto una variedad de personajes que encarnan la ingenuidad, el amor, la superación, el desprecio...

Antes de pasar al argumento de la obra, se debe dejar en claro el valor literario de *Marianela*: no es una de las mejores obras de Galdós y comparada con obras como *Fortunata y Jacinta*, o con los *Episodios*, resulta ser una obra secundaria. Sin embargo, esta novela fue la obra preferida de su autor.

TEMA Y ARGUMENTO

El amor de un ciego y una mendiga se ve transtornado cuando éste, a raíz de una operación, adquiere el don de la vista y ella, culpándose de ser fea y pobre, decide alejarse para que su amado no la reconozca, pues elementalmente Marianela identifica a la belleza con el amor y a la fealdad con el desprecio.

Argumento general

Una niña de dieciséis años vive en condiciones infrahumanas en la provincia de Socartes, región carbonífera del norte de España. Desde hace muchos años huérfana: su padre murió de una grave enfermedad y su madre decidió suicidarse después de haber perdido el empleo en la mina. Marianela nunca ha contado con el cariño de la gente del pueblo, ni siquiera con el de la familia Centeno, en cuya casa vive como un animal.

La única compañía que posee, desde hace un año, es un amigo llamado Pablo Penáguilas, ciego de nacimiento, hijo de la mejor y más adinerada familia del pueblo. El padre de éste, don Francisco Penáguilas, siempre ha querido darle lo mejor y convence al ingeniero de la mina, Carlos Golfín, para que llame a su hermano Teodoro, reconocido oftalmólogo, quien opera a Pablo y así le dará la oportunidad de ver el mundo real.

La relación entre Pablo y Marianela es cada día mejor. La mayor parte del tiempo la pasan juntos, aunque don Francisco se opone, y Pablo ya piensa en ella como su compañera ideal: pese a que no puede verla, promete casarse con Marianela por considerarla la persona más bella del mundo tanto física como espiritualmente. Él conoce la situación inhumana en que vive la Nela —como la llaman despectivamente en el pueblo—, y desea recompensarle todos los sufrimientos que ha padecido y la ayuda que ella le ha prestado: Marianela le guía todo el día por entre lodazales, galerías y túneles describiéndole el mundo material.

Finalmente, el señor Teodoro viene a visitar a su hermano y a su cuñada Sofía. En su travesía desde Villamojada a Socartes se pierde. En uno de los extenuantes trechos, el caminante decide descansar y fumarse un cigarrillo. En ese momento escucha la voz de la Nela, que canta buscando a Pablo. Éste, en espera de su guía, se encuentra casualmente con Teodoro, que se ofrece a guiar al ciego hasta Socartes.

En compañía de Pablo, Teodoro se entera que su guía es el muchacho ciego al que tiene que operar. Además, empieza a darse cuenta de la relación entre el ciego y Marianela. Al final de la galería, cerca de la casa de don Francisco, Pablo presenta a la Nela y le dice al doctor que ella lo acompañará hasta la casa de su hermano Carlos.

Los hermanos Golfín y Sofía disfrutan de su reencuentro: pasean por las minas conociendo el paisaje y recordando el esfuerzo que tuvieron que hacer para alcanzar la posición en que se encuentran. Luego se dirigen a casa del señor Penáguilas para ultimar los datos de la operación. Teodoro comunica a don Francisco que ve muchas posibilidades de éxito, aunque no le asegura nada.

Pablo está muy contento, pues por fin podrá ver el rostro de su amada Marianela. Por el contrario, ella sufre profundamente al pensar que Pablo se dará cuenta de lo fea que es. Marianela sí desea la curación de Pablo, pero como ella ha sido aislada por todos, se cree inútil y piensa que su única labor es la de guiar al ciego.

Don Manuel, hermano de don Francisco, promete que si Pablo se recupera, lo casará con su hija Florentina, hermosa muchacha de nobles ideales. Con dicha unión está de acuerdo la familia de Pablo, ya que de esta forma conservarán el *status* social y se le impedirá al muchacho que se relacione con gente de la clase baja.

La propuesta se convierte en un hecho real: Manuel y Florentina viajan a Socartes para llegar antes de la operación de Pablo. Desde el principio, la Nela no comparte la visita de los Penáguilas, y menos puede aceptar la presencia de Florentina, a pesar de los buenos propósitos de ésta de convertirla en una muchacha de igual condición social a la suya. Además, Florentina le ha prometido a la Virgen María dicho acto misericordioso si le da a su primo el sentido de la vista.

Pablo reconoce esas virtudes de su prima Florentina y empieza a interesarse en ella.

Llega el momento de la operación. La Nela no quiere saber nada que se relacione con los de la Aldeacorba de Suso, casa de Pablo, se esconde y no vuelve a acercarse por allí. Su actitud es irrevocable: o se va con el niño de los Centeno a la ciudad, o se "va con su mamá", es decir, se suicida en el abismo de la Trascava. Después de reflexionar entre estas dos posibilidades, rechaza la propuesta de su amigo Celipín y se dirige a la gruta donde quiere matarse.

Por fortuna, el perro de Pablo, Choto, da aviso a Teodoro, quien alcanza a la niña y la disuade de su locura, y después de un diálogo muy paternal, el médico la "obliga" a ir a visitar a Pablo.

La Nela inicialmente se opone, pero al final se deja convencer, pues Teodoro le ofrece la posibilidad de que ella se vaya con él como si fuera su hija.

Al llegar a la casa de los Penáguilas, Florentina se sorprende por tan agradable visita: su sorpresa obedece a que la Nela no había visitado la casa desde que Pablo había recuperado la vista. Cuando Teodoro le pregunta a Marianela con quién desea quedarse, con él o con Florentina y su primo, ella posa sus ojos en el medico, impidiendo así que Florentina pueda cumplir su promesa: cuidar y educar a una miserable.

Estando en esta discusión entra repentinamente Pablo, quien ha adquirido totalmente el sentido visual. Se dirige al lugar donde están reunidos, pero Florentina, notando su presencia, le sale al paso y le entabla una conversación en la que el muchacho le expresa sus sentimientos. Marianela, quien está oculta en la sala en compañía de Teodoro, escucha la conversación. El dolor y el desespero se apoderan de su alma. Teodoro, abruptamente, interrumpe el diálogo entre los primos. Pablo aprovecha el momento y entra en la sala y ve a una "cadavérica muchacha". Piensa que es la pordiosera que su prima había prometido recoger, sin darse cuenta de que es la Nela. Pablo le dice que debe agradecer mucho los buenos sentimientos de Florentina.

Marianela se llena de mucha tristeza porque él nunca la había mirado con tanta lástima ni la había llamado "infeliz".

En un arranque de ira, Marianela pretende irse, pero Pablo la toma por las manos y le acaricia el rostro. Al instante se da cuenta de que ella es la Nela, su antigua amada y ésta besa la mano de su "amo", como ella le dice. Todos quedan en un profundo silencio cuando la Nela, desmayada, enlaza las manos de los primos como símbolo de su matrimonio. Marianela no vuelve a levantarse de allí; muere en el momento en que su amor la reconoce.

En compensación por la promesa que había hecho, Florentina brinda el mejor de los entierros al cuerpo de la huérfana, y el nombre real de Marianela (María Manuela Téllez) es alabado por todos.

LISTA DE PERSONAJES

PRINCIPALES

MARIANELA. Campesina huérfana de padre y madre. En ella se combina la fealdad de cuerpo y la hermosura de alma. Su única labor es guiar a su amo Pablo, a quien ama profundamente. Es el personaje más importante de la obra.

PABLO. Muchacho ciego de familia pudiente, que a pesar de su impedimento físico, ha recibido una educación muy culta. Mantiene una relación muy íntima con Marianela. Representa el otro centro de acción de la obra.

TEODORO GOLFÍN. Médico oftalmólogo que transforma la vida de Pablo y Marianela. Encarna el personaje humanitario, salvador de los desvalidos. La imagen que le da el autor es la del hombre humilde que ha llegado a la cúspide económica e intelectual.

SECUNDARIOS

FLORENTINA. Prima de Pablo. Sus dotes físicas, sus nobles sentimientos y su posición económica, hacen de ella una mujer especial y precisa para él. Durante la obra demuestra afecto por Marianela.

FRANCISCO PENÁGUILAS. Padre de Pablo. Minero adinerado, cuyas únicas preocupaciones son devolverle el sentido de la vista a su hijo, y verlo casado con su prima Florentina.

CELIPÍN CENTENO. Hijo menor de la familia Centeno, quien pretende recorrer el mismo camino de éxitos profesionales de Teodoro. Para este propósito cuenta con la amistad y el apoyo económico de Marianela.

CHOTO. El perro mascota de Pablo Penáguilas. Siempre que aparece en la obra propicia situaciones importantes; por ejemplo, advierte a Teodoro cuando Marianela se dirige a la Trascava para suicidarse.

CARLOS GOLFÍN. Hermano de Teodoro, a quien le debe su profesión de ingeniero, pues le costeó todos los estudios.

MANUEL PENÁGUILAS. Padre de Florentina. Sus deseos, al igual que los de su hermano, son ver casada a su hija Florentina con el joven Pablo.

SOFÍA. Esposa de Carlos Golfín. Es extremadamente refinada y no quiere comprometerse a ayudar a Marianela, pese a que uno de sus oficios es realizar actos de beneficencia.

SEÑOR CENTENO. Capataz del ganado de la mina, y dueño de la casa donde vive Marianela. Representa al obrero de cortas aspiraciones.

SEÑORA CENTENO. Esposa del anterior. Explota a sus hijos y desprecia a Marianela por su incapacidad física para el trabajo.

TANASIO CENTENO. Hijo mayor de la familia Centeno. Confecciona canastos, en dos de los cuales Marianela se ve obligada a dormir.

PEPINA Y MARIUCA CENTENO. Hijas del matrimonio Centeno; trabajan en la mina. Su vida es mecánica e insulsa.

RESÚMENES Y COMENTARIOS

Para elaborar esta parte del análisis, es necesario recordar que la novela ofrece una particular manera de exposición. *Marianela* posee un carácter didáctico, pues elabora señales de lectura y títulos que indican el contenido de cada capítulo. De acuerdo con esto, trataremos de agrupar los capítulos cuando sea posible hallar una línea temática similar. En caso contrario, los resúmenes y comentarios se realizarán capítulo por capítulo.

Capítulos I-III
(La llegada de Teodoro)

Resumen

La obra se abre con la llegada de Teodoro Golfín, quien ha sido invitado por su hermano, Carlos, a pasar unas vacaciones en las minas de Socartes. Además, viene con la intención de operar a un muchacho ciego de nacimiento: Pablo. Teodoro llega hasta Villamojada y allí decide continuar su viaje a pie, envía su equipaje y se deja guiar por las indicaciones de los campesinos. Se dice a sí mismo: "Adelante, siempre adelante". Confiando en sus cualidades de viajero se interna entre lodazales y pastizales. "Apresurando su paso a medida que avanzaba el de la noche", empieza a reconocer el paisaje:

"Detúvose, y mirando a todo el círculo del horizonte, parecía impaciente y desasosegado. Sin duda no tenía gran confianza en la exactitud de su itinerario, y aguardaba el paso de algún aldeano que le diese buenos informes topográficos para llegar pronto y directamente a su destino".

Sin embargo, la noche empieza a ganarle terreno y no pasa nadie que pueda guiarlo. En ese momento descubre que está perdido:

"Me he perdido, no hay duda de que me he perdido... Aquí tienes, Teodoro Golfín, el resultado de tu adelante, siempre adelante".

Recriminarse ya no es solución; por eso busca un poco de descanso y tan pronto como halla una piedra firme, se sienta a fumar un cigarrillo y buscar la Luna, esa "bribona" que no sale para iluminar el camino. Cuando se dispone a fumar, escucha la voz de una niña que entona una linda melodía. Trata de llamarla pero aquella voz se pierde en la oscuridad. Prosigue recriminándose su testarudez, su maldito "adelante, siempre adelante".

El viento arrecia contra el viajero y éste cree escuchar pasos lejanos. Inmediatamente grita con la esperanza de conseguir ayuda; no recibe ninguna respuesta, pero oye el ladrido de un perro y luego la voz de un hombre que dice: "Choto, Choto". Teodoro le sugiere al muchacho que detenga al perro para evitar algún percance.

El señor Golfín se encuentra con un muchacho muy simpático, quien se ofrece a llevarlo hasta las oficinas de las minas de Socartes, en las que se halla el hermano del visitante. La noche se ilumina y, con gran sorpresa, el médico se da cuenta de que su guía es un ciego. Entonces, el muchacho intenta tranquilizarlo diciéndole que él conoce muy bien la región, agregando:

"El palo que uso me impide tropezar y el Choto me acompaña, cuando no lo hace la Nela, que es mi lazarillo".

El ciego guía al médico por entre cráteres, túneles oscuros y galerías. Llegan a "La Terrible", una mina que ha sido muy explotada. Descansan un poco mientras que el perro se adelanta.

Más adelante, el señor Golfín compara un largo pasadizo de la mina con un "largo esófago que se lo come a uno como un bicho". Es innegable, el recorrido impresiona mucho al médico.

Nuevamente se escucha la voz de la niña y Pablo le comunica al doctor que se trata de una amiga suya, Marianela, que lo anda buscando: ella...

"Es una muchacha que me acompaña, es mi lazarillo. Al anochecer volvíamos juntos del prado grande..., hacía un poco de fresco. Como mi padre me ha prohibido que ande de noche sin abrigo, metime en la cabaña de Remolinos, y la Nela corrió a mi casa a buscarme un gabán".

El ciego, el médico y el perro continúan la travesía hasta el sitio denominado "La Trascava", lugar importante para la obra porque representa el punto de unión entre la vida y la muerte. La Trascava es "una boca, una sima, un abismo cuyo fin no se sabe", y posee una corriente de agua subterránea, que a veces produce ruidos similares a los de una voz humana.

Pablo le comenta a Teodoro que la Nela afirma que esa voz es la de su mamá, quien se arrojó al vacío en un momento de ira. Después de muchas vueltas y revueltas, ambos logran salir de la galería. El cielo lleno de estrellas se convierte en tema de conversación, momento que aprovecha el médico para decirle al ciego que su problema tiene solución. El muchacho, muy poco convencido, cambia de tema para mostrarle a su acompañante el lugar hacia donde se dirige, indicándole que la Nela lo guiará el resto del camino sin ningún inconveniente.

Aparece Marianela, y ésta y el médico se despiden de Pablo, quien se dirige a Aldeacorba de Suso, su casa. Con su nueva compañía, el médico entabla un diálogo que sirve de exposición sobre la vida de la muchacha. Primero, se nos cuenta cómo es su aspecto físico y, después, qué tipo de sentimientos posee.

La Nela es como una niña, pues su estatura debe contarse entre las más pequeñas. La edad de la muchacha no corresponde al desarrollo físico de su cuerpo: con dieciséis años, dice Golfín, la niña "está muy atrasadilla", corroborando las opiniones que sobre la niña tienen las gentes de la aldea: todos la consideran un "fenómeno". Sin embargo, el aspecto físico de la muchacha no desagrada a Teodoro, es más, lo motiva a brindarle bondad y cariño.

Por otra parte, la niña cautiva con su humildad la atención del médico, quien se asombra de ver la gran habilidad y familiaridad con que se desplaza por entre piedras, charcos y abrojos denotando cierta alegría nativa. El señor Golfín encuentra muy divertida a la Nela, sus palabras lo sorprenden por lo "recatadas y humildes".

La historia de la huérfana continúa: no trabaja en la mina, no tiene padre ni madre y "no sirve para nada". Reproduzcamos parte del diálogo:

"–Dime (...) ¿vives tú en las minas? ¿Eres hija de algún empleado de esta pensión?
–Dicen que no tengo madre ni padre.
–¡Pobrecita! Tú trabajarás en las minas.
–No señor. Yo no sirvo para nada".

Con esta pequeña introducción la niña inicia su relato, en el cual contará minuciosamente su vida a Teodoro:

"Mi madre —continúa la Nela— vendía pimientos en la plaza de Villamojada.
Era soltera. Me tuvo un día de Difuntos, y después se fue a criar a Madrid".

En cuanto a su padre, la Nela ve con orgullo que hubiese ayudado a colocar los primeros faroles en Villamojada, y recuerda como fecha funesta el día en que su padre la llevó a limpiar el farol del puente. En un momento de descuido, el cesto en donde se encontraba la Nela, cayó al río, causándole graves lesiones físicas. "Dicen que antes de eso era yo muy bonita", afirma Marianela.

Meses después su padre enfermó y murió en un hospital sin la ayuda de su esposa. Entonces, la esposa, empieza a trabajar en la mina hasta que un día es despedida por tomar mucho aguardiente, hecho que la llevó a suicidarse: "Se fue a un agujero muy grande que hay allá arriba, 'la Trascava'".

La debilidad física de Marianela le impide realizar trabajos pesados en la mina; para lo único que sirve es para guiar, como un lazarillo, a su amigo Pablo Penáguilas, a quien admira y quiere mucho, enorgulleciéndose de ser los "ojos de su mano".

Considera que para el ciego es imposible adquirir la vista, aunque el ingeniero de la mina, Carlos Golfín, afirme que su hermano puede operar al muchacho y que lo hará llamar para que venga lo más pronto posible. La ingenuidad de la Nela no le permite darse cuenta de que su acompañante es el médico que viene a operar al ciego. Al llegar a las oficinas de la mina se produce el reencuentro de los hermanos Golfín.

Comentario

La repentina llegada de Teodoro Golfín marca el inicio de la novela no sólo a nivel narrativo, sino también expositivo, pues rompe con el orden lineal de la historia: el amor entre Pablo y Marianela. Curiosamente, Teodoro Golfín se relaciona directamente con los personajes principales desde su primera aparición.

Es muy importante observar cómo cada personaje va construyendo su imagen a través de lo que dice. Así encontramos que, por ejemplo, Teodoro está representado por la idea de "adelante, siempre adelante", que tanto se repite a lo largo de la obra. Esta frase simboliza el deseo de progreso tanto a nivel intelectual como socioeconómico. Para Teodoro el "adelante (...)" corresponde a la ley universal de la locomoción, es decir, de la industrialización, pero también sabemos que la frase es una síntesis de los ideales económicos de los hermanos Golfín.

Un segundo ejemplo lo encontramos en Marianela, quien demuestra con su actitud humilde sentirse demasiado inferior a los demás. Su fealdad no es meramente decorativa, sino que es ella misma un cuerpo y alma, pues en la sociedad en que vive, la fealdad se ha instaurado como un valor extremadamente bajo. El clímax de la novela se basa precisamente en este interrogante: ¿cuándo recuperará Pablo la vista para comprobar que Marianela no es la belleza que él piensa, sino una mujer, físicamente, fea?

En cuanto a Pablo Penáguilas, se puede decir que él encierra el problema del conocimiento de la realidad, poniendo de manifiesto que puede variar según el punto de vista desde el cual se la mire. El amor también es manifestación y comprobación, a través de los sentidos, de la belleza del otro. Es conocido el mordaz chiste, muy latinoamericano, de referirse al hombre que se enamora de una mujer "fea" como que "está ciego". En efecto, Pablo es ciego, y si no supiéramos que esto es verdad en el sentido literal del término, lo tomaríamos como una burla aplicable a él.

Capítulo IV
(La familia Centeno)

Resumen

El señor Centeno es el encargado de vigilar el ganado que se encuentra cerca de las minas. La "Señana" —señora Ana— y los otros habitantes de la casa, creen que la Nela es un estorbo. En efecto, siempre se le oye decir a la mujer: "No he de dar un paso sin tropezar con esa condenada Nela". La descripción de la casa demuestra la pobreza y sordidez en que viven.

"La casa [de los Centeno] constaba de tres piezas y un desván. Era la primera, además del corredor y la sala, la alcoba de los Centenos mayores. En la segunda dormían las dos señoritas, que eran ya mujeres, y se llamaban Mariuca y Pepina. Tansio, el primogénito, se agazapaba en el desván, y Celipín, que era el más pequeño de la familia y frisaba en los doce años, tenía su dormitorio en la cocina, la pieza más interna, más remota, más crepuscular, más ahumada y más inhabitable de las tres que componían la morada centenil".

En esta distribución de la casa de los Centeno no aparece Nela para nada. Para ella no existe ni un rincón donde pueda dormir y guardar sus cosas. Durante su estadía en la casa ha tenido que vivir en varios rincones indignos de un humano. Días atrás, Tanasio Centeno acabó de complicar la situación de la pobre muchacha: decidió dedicarse a la fabricación de garrotes (cestas), que ocuparon el poco lugar que quedaba para la joven. Nela no encuentra otro lugar donde pasar la noche y se ve obligada a acostarse en una de las cestas, arropándose con otra de ellas; a su decir, "duerme como una almeja en medio de dos conchas".

Con quien mejor se relaciona la Nela es con el menor de los Centeno, Celipín, quien es el muchacho de mayores aspiraciones dentro de esta familia. Mientras la "Señana" Centeno cuenta el dinero que se ganan sus hijos, y el señor Centeno tartamudea el periódico, Celipín Centeno prepara el viaje que lo llevará a la gran ciudad, Madrid, en donde piensa estudiar medicina. Sueña que, a su vuelta, llegará a ser el mejor médico de Socartes. La Nela reconoce el esfuerzo de Celipín por viajar y le colabora con el dinero que le regalan a ella.

Comentario

En este capítulo se nos explica en qué condiciones viven los Centeno. Además, existe una gran preocupación por mostrar lo repugnante, lo negativo, lo inhumano de este ambiente en que vive la Nela, con el único propósito de dar mayor información sobre la humilde muchacha. De una manera ingenua se enfatiza el idealismo de la Nela y las grandes metas de Celipín. Por otra parte, el desprecio general de esta familia por la huérfana al reducirla a la noción de "estorbo". El título del capítulo, "La familia de piedra", queda plenamente justificado. La familia Centeno, gente de pocas luces, sin educación y sólo preocupada por la sobrevivencia material, jamás brinda un poco de cariño a Marianela, quien sufre sin protestar el desprecio y la indiferencia a que es sometida.

Capítulo V
("Trabajo, paisaje, figura")

Resumen

La gente que Pérez Galdós ha descrito en los capítulos precedentes, se asocia a un determinado paisaje. Aunque Pablo desconoce la realidad material visual, las descripciones que tanto Marianela como Teodoro le hacen, lo asocian con ese mundo de las minas. Al autor le interesa mostrar cómo esos seres aparecen condicionados por un paisaje exterior que los hace rudos, "matando en ellos toda ambición noble".

Todas las mañanas, cuando suena la campana, las gentes acuden mecánicamente al extenuante trabajo. El trabajo, la campana y la vida de las gentes se instauran como símbolos de existencia detenida de los habitantes de Socartes: "El vapor principió a zumbar en las calderas del gran automóvil, que hacía funcionar a un tiempo los aparatos de los talleres y el aparato del lavado", mientras que los hombres tiñéndose de polvo negro parecían "el carbón humanado". En estas tierras no se escucha otra voz que la de la máquina, el chillido de las sierras o el golpeteo del martillo".

Después de esta minuciosa descripción, aparece la figura de don Francisco Penáguilas, quien sufre por tener un hijo ciego. Su mayor ilusión es darle la vista, sin importarle la cantidad de dinero que deba pagar por ello. Don Francisco es uno de los más ricos y respetados hombres de negocios de todo el país. Su fortuna la había heredado hacía algunos años. Pocos años atrás había quedado viudo y, ahora, el único fin de su vida es dedicarle todo el tiempo posible a su único hijo:

"Para él [para Pablo] eran todos los ciudadanos y los infinitos mimos y delicadezas, cuyo secreto pertenece a las madres, y algunas veces a los padres, cuando faltan aquéllas".

El patriarca de Aldeacorba, que es como le dicen a don Francisco, jamás se opone a los deseos de su hijo; sin embargo, siempre que la Nela llega a buscar a Pablo le dice: "No permitiré que mi hijo sea ciego dos veces". Un buen día decide iniciar sus gestiones para lograr que su hijo se case con su sobrina Florentina. Francisco, siguiendo la propuesta que le hizo su hermano Manuel en una carta, escribe una masiva al padre de Florentina en la cual le corrobora sus deseos y le comunica la buena noticia de la llegada del médico que devolverá la vista a Pablo.

Comentario

Pérez Galdós presenta al hombre reducido al nivel de una máquina, destruyendo la aparente igualdad que la naturaleza forjó durante siglos. La necesidad económica postró al ser humano en el trabajo extenuante, y el hombre ya no tiene tiempo de pensar en sí mismo. La dedicación brutalizante al trabajo no permite a aquellos hombres ocuparse de otra cosa que no sea solucionar sus necesidades domésticas. El trabajo en las minas los ha deshumanizado hasta el punto de convertirlos en seres insensibles, incapaces de experimentar dolor o piedad.

Capítulos VI-VIII (Charlas entre Pablo y Marianela)

Resumen

Pablo, Marianela y el perro "Choto" salen a pasear por el camino. Ella, haciendo honor a su labor ("los ojos de Pablo"), describe la naturaleza por medio de asociaciones: compara los fenómenos físicos con los sentimientos humanos. Por ejemplo, el sol resulta ser feo porque no se le puede mirar fijamente, pues produce dolor en los ojos. De la misma manera explica las flores y las estrellas, demostrando la dulzura e ingenuidad de sus interpretaciones.

Los diálogos de estos dos personajes giran en torno al canto de los pájaros, al color de las flores o al brillo de las estrellas. Aunque no interpretan la belleza de la naturaleza de la misma manera, sí comparten su necesidad y la alegría que ella les produce. Uno de los diálogos más importantes para el desarrollo de la novela es aquel en el que Pablo revela a Nela su amor:

"—Qué sientes tú cuando estás alegre? [pregunta Marianela]

—¿Cuándo estoy libre, contigo, solos los dos en el campo?

—Sí.

—Pues siento que me nace dentro del pecho una frescura, una suavidad (...).

—Voy a pedirle a mi padre que te deje vivir en mi casa para que no te separes de mí".

Pero la alegría de la Nela no dura mucho: Pablo le cuenta que su padre, la noche anterior, le ha hecho una lectura sobre el tema de la belleza, situación que preocupa a la Nela, pues continúa pensando en su fealdad física, no obstante que las palabras de Pablo son muy alentadoras: "La belleza es el resplandor de la bondad y la verdad". Marianela compara este tipo de belleza con el de la Virgen María, aspecto importante para el transcurso de la novela, sobre todo cuando Florentina haga su aparición.

Pablo se entera de que Marianela está mirándose en el agua y le dice que ella no necesita mirarse porque su hermosura es infinita. Más tarde ambos regresan a Aldeacorba de Suso, donde se encuentran con los Golfín y don Francisco. Este último le dice a la huérfana que se vaya, porque Pablo "no volverá a salir, pues el doctor Golfín lo va a examinar".

"Al día siguiente Pablo y su guía salen de la casa a la misma hora del día anterior". Pablo habla a Nela con gran inquietud del examen que le ha practicado el señor Golfín y sobre las esperanzas que éste ha suscitado a su padre. Pero, como siempre, mientras que el ciego se entusiasma, ella cae en el silencio: aún piensa en su rostro.

En su caminata la pareja se dirige hacia la boca de la Trascava. Pablo continúa impresionado por el silencio de su guía y por el terror que le produce aquel sitio; por esta razón, le pide a Marianela que se alejen de allí. Lamentablemente la Trascava se ha convertido en una obsesión para ella y no atiende a su amo, ni siquiera cuando le habla de la operación que le hará Teodoro Golfín.

El muchacho se da cuenta de la tristeza de la Nela y le dice que no siga pensando en la voz de su mamá: explica a Marianela que lo que se escucha en ese agujero es el ruido del agua subterránea.

Y, lo más importante, le dice que no debe estar triste porque él la amará siempre: "Ciego o con vista, (...) estoy dispuesto a jurarte delante de Dios un amor grande, insaciable, eterno".

Comentario

La labor de Marianela es la de enseñarle al ciego cómo es el mundo material, qué cosas son buenas y qué cosas son malas, esto es, hacerle ver la realidad, a su modo. Sin embargo, la educación del muchacho impide que este proceso de conocimientos de la realidad a través de los ojos de esta inocente y supersticiosa niña, llegue a convencerlo de la existencia de verdades absolutas. Pablo es atento, amable, pero no tonto. Acepta la sencillez de Marianela como una parte de la belleza que él supone tiene ella. De cualquier modo, su delicadeza no está exenta de dudas. Pronto comprobará lo doloroso y triste de la "realidad real"

Capítulos IX-X (Los hermanos Golfín)

Resumen

La narración deja aparte el idilio de Pablo y Marianela para hablar del personaje más importante a esta altura de la historia: Teodoro Golfín.

El doctor Golfín se ha amañado en Socartes. En las mañanas recorre la región en compañía de su hermano Carlos y su cuñada Sofía, quien lo deleita tocando el piano en las noches; además, ya se ha encariñado bastante con Pablo y Marianela. Un día de paseo decide contarle a su cuñada la historia de su vida, narrándole todo tipo de penalidades que tuvieron que enfrentar él y Carlos para ser quienes son ahora: desde su infancia se hicieron a la idea de que no había personas superiores a ellos, y sólo les acompañaba el deseo de salir adelante (recordemos la frase del primer capítulo: "Adelante, siempre adelante"). Los Golfín comprendieron que ante ellos se abrían dos caminos: o el presidio o la gloria. Escogieron la segunda, se encomendaron a Dios y empezaron a trabajar duramente.

Teodoro tuvo que servirle a diversos amos que le daban de comer y le permitían ir a la escuela. Poco a poco fue comprando libros en los que aprendió sobre la ciencia, mientras que Carlos, su hermano, se ganaba la comida haciendo mandados en una tienda. Cuando Teodoro se interesó por la medicina, ambos entraron a trabajar en una barbería. Más tarde Teodoro fue ayudante de cámara, y las sobras de comida de aquel lugar se las llevaba a su hermano. Por este tiempo, Carlos se empezó a orientar en el camino de las matemáticas, y obviamente recibió el apoyo de su hermano mayor.

Teodoro corrió con buena suerte: un buen día un afanado cirujano lo tomó por ayudante, y al fallecer, le dejó como herencia una gran fortuna. Con ésta Carlos pudo estudiar ingeniería y Teodoro mejoró su posición profesional, iniciando una especialización en el estudio de las enfermedades de los ojos, la oftalmología. Por último, Carlos se hizo un buen ingeniero y su hermano viajó a América:

"Allá trabajó, juntamente con otros afamados médicos europeos, adquiriendo bien pronto dinero y fama. Hizo un viaje por España; tornó al Nuevo Mundo (...) En cada una de estas excursiones daba la vuelta a Europa para apropiarse de los progresos de la ciencia oftálmica, que cultivaba".

La historia de los dos hermanos no logra impresionar a Sofía, quien no está muy de acuerdo con que siempre se apoye a la gente humilde. Para ella es más importante la imagen que cada uno tiene ante la "sociedad". En efecto, Sofía busca ser reconocida por las clases altas a través de reuniones y agasajos, en las que recauda fondos para asilos y casas de beneficencia.

Sofía considera que no se debe mostrar benevolencia al miserable, porque se aprovecha de su benefactor. De allí su desprecio por la Nela, a quien llega a recriminar no sólo por su pobreza, sino también por el trabajo que realiza: guiar al ciego Penáguilas. Teodoro le dice a Sofía que no le gusta nada su actitud con la niña, y que en vez de hablar tanto de su "alma caritativa", debería ponerla más atención a Marianela.

Otro día de caminata, el perro de Sofía, Lilí, se extravía y la señora Golfín culpa a Marianela, quien se hallaba en la Trascava.

A pesar de esto, la niña se esfuerza por encontrar al animal y llevárselo a su dueña, y aunque logra sacar al perro ileso de la gruta, sufre varias heridas en los pies. Inmediatamente Teodoro la examina y le comenta a Sofía que la niña necesita un par de zapatos. Su cuñada no le pone cuidado. El doctor Golfín, finalmente, carga a Marianela en sus hombros y la lleva hasta la casa de Pablo.

Comentario

Aquí se percibe claramente lo que habíamos anotado en el primer comentario: la idea de progreso personal como fruto del esfuerzo y la constancia. Los hermanos Golfín, y sobre todo Teodoro, encarnan al hombre decidido a sacrificarse por el conocimiento científico. Este aspecto no sólo refleja la situación de los científicos y los intelectuales de aquella época, sino recuerda que ellos, aún hoy, se encuentran en la misma situación. Los hermanos Golfín son dos personajes típicos de Galdós que representan, por supuesto, las ideas progresistas y liberales que el propio novelista defendió. Además, dentro de la trama de la obra, la imagen de Teodoro es muy importante para entender las ilusiones de Celipín Centeno, el chico que toma como ejemplo la triunfante carrera de don Teodoro.

Capítulo XI
(Don Francisco Penáguilas)

Resumen

Al llegar a Aldeacorba de Suso, don Francisco se ríe de Teodoro, pues nunca se había visto que alguien cargara a la Nela: "El médico sentó a la niña en un banco de piedra, y ella paralizada por el respeto, sin hacer movimiento alguno, miraba a su bienhechor".

Teodoro la retiene allí hasta que descanse y tome un vaso de leche.

Don Francisco, preocupado por su hijo, le pregunta a Teodoro sobre la futura operación, y le cuenta que Pablo lleva varios días intranquilo y lleno de ideas bastante confusas:

"Su imaginación, digo, no puede contenerse en la oscuridad de sus sentidos, viene a este nuestro mundo de luz y quiere suplir con sus atrevidas creaciones la falta del sentido de la vista (...). Afirma y sostiene grandes absurdos, ¡y vaya usted a contradecirlo!... Temo mucho que se me vuelva maniático, que se desquicie su cerebro (...). Hace días que no sale de un tema tan gracioso como original. Ha dado en sostener que la Nela es bonita".

Comentario que por supuesto hace reír a todos los presentes, con excepción del médico, quien hace un gesto recordando a don Francisco que la niña se encuentra con ellos. El señor Penáguilas decide mandar a la muchacha en busca del ciego y prosigue sus comentarios. En ese momento recibe un consejo del médico:

"No le contradiga usted (a Pablo), y suspenda por ahora absolutamente las lecturas (...). Hay que tratar el cerebro con grandes miramientos antes de emprender una operación de esta clase".

Por otro lado, el Patriarca de Aldeacorba —es como le llaman allí a don Francisco— ilustra a sus amigos sobre los propósitos que tiene para con su hijo cuando adquiera el sentido visual. Muestra varias cartas de su hermano Manuel y lee fragmentos de una en especial:

"Casaré a mi Florentina con tu Pablito, y aquí tienes colocado a interés compuesto el millón y medio de pesos del primo Faustino".

La felicidad de Francisco Penáguilas se encuentra en manos de Teodoro: si logra operar con éxito a Pablo, el matrimonio será un hecho. Teodoro les dice que después de examinar a Pablo no ve motivos por los cuales se deba pensar que no tiene cura; y sin asegurarle nada definitivo, le explica el problema de Pablo y el tipo de operación que realizará. El señor Penáguilas decide, entonces, fijar la fecha de la operación para los primeros días de octubre.

Comentario

Francisco Penáguilas pone de manifiesto al burgués en ascenso, que tiene grandes preocupaciones materiales y muchos éxitos en el mundo de los negocios. Sin embargo, es importante decir que aún no ha alcanzado la felicidad plena: la ceguera de su hijo no le permite casarlo con Florentina, una muchacha de buena familia.

Don Francisco Penáguilas es un personaje que recuerda muchos otros de las novelas de Pérez Galdós, pero sobre todo recuerda a don Francisco de Torquemada, protagonista de *Las novelas de Torquemada.* El señor Penáguilas, al igual que el usurero de Torquemada, es uno de esos hombres preocupados exclusivamente de su propio placer: considera que la felicidad de su hijo coincidirá con su matrimonio con Florentina, sin importarle cuáles sean realmente los sentimientos del muchacho. No es necesario agregar que nada le importa la vida y sentimientos de Marianela.

Capítulo XII
(Celipín Centeno)

Resumen

La amistad de Marianela con Celipín es muy fuerte y ella no desiste en su propósito de ayudarlo para que viaje a Madrid. Por ello no vacila en entregarle el dinero que el médico le ha dado para que se compre un par de zapatos. Es generosa y desprendida porque a toda costa desea que Celipín complete el valor del pasaje.

Nela le cuenta al niño menor de los Centeno la historia de los hermanos Golfín. Celipín, entusiasmado, asegura a la Nela que él también logrará ser "un hombre de bien", amante de la ciencia, y que lujosamente vestido regresará a Socartes para alegría y envidia de todos.

Celipín desde ya comienza a soñar:

"Verás tú qué fino y galán voy a ser yo cuando me ponga mi levita y mi sombrero de una tercia de alto. Y también me calzaré las manos con eso que llaman guantes, que no pienso quitarme nunca, como no sea sino para tomar el pulso... Tendré un bastón con porra dorada y me vestiré..., eso sí, en mis carnes no se pone sino paño fino...".

Marianela, bondadosamente, lo despierta de su ilusión y le dice que en lo que debería pensar primero es en la letra, ya que todo médico de fama debe tener buena letra. Además:

"Debes aprender a escribir [dice la Nela] para que pongas una carta a tu madre pidiéndole perdón y diciéndole que te has ido de tu casa para afinarte, hacerte como don Teodoro y ser un médico muy cabal".

El muchacho decide explicarle que él no se va de la casa porque "quiera mal" a sus padres, sino porque quiere darles en un futuro buenos regalos a todos, inclusive a Marianela. Celipín le propone a Marianela que viaje con él para que entre los dos puedan "ganar y aprender"; ella, sin embargo, no se anima con la idea, guardando la esperanza de que Pablo la siga queriendo aun siendo fea. El "doctor Celipín" duerme y en sus sueños se hace a imagen y semejanza de Teodoro Golfín.

Comentario

Celipín Centeno es uno de esos personajes que se entretejen como reflejo de otros personajes, como el doble de otro que le gana en figura y en conocimientos: Teodoro Golfín. Al igual que éste al iniciar su vida, Celipín vive en las condiciones más inhumanas y sus mayores anhelos son los de salir de esta precaria situación y convertirse en un hombre de bien, es decir, desea practicar aquello de "adelante, siempre adelante". Efectivamente, Celipín logrará su objetivo, si bien no en esta novela, sí en *El doctor Centeno* una obra que Pérez Galdós escribió en 1883, utilizando el mismo personaje.

Celipín representa aquella esperanza que se encuentra en el corazón de todo joven campesino que desea salir —con su familia— de la miseria eterna y que parece ya no un destino sino una fatalidad. Es un ejemplo vivo de la fuerza de llevar a feliz término lo que se planea. Hace falta mucho coraje, espíritu de trabajo, paciencia, para lograr los ideales buscados. Marianela es —como siempre una mujer— aquella "madre" aquella buena y desinteresada impulsora de un joven prometedor, el cual supone se perderá en la oscura provincia si no la apoya.

Celipín es el típico soñador romántico: el mundo —Madrid— está por delante y nadie le impedirá conquistarlo. Quiera la fortuna y la fuerza de voluntad del joven, que su empeño no cese ni sea derrotado. En el mundo, todos los días son más los que se rinden que los que perseveran.

Capítulo XIII
(El pensamiento de Marianela)

Resumen

Penetramos ahora en el pensamiento de la protagonista de la obra, Marianela:

"Habiendo carecido absolutamente de instrucción en su primera edad, habiendo carecido también de las sugestiones cariñosas que enderezan el espíritu de un modo seguro al conocimiento de ciertas verdades, habíase formado Marianela en su imaginación poderosa un orden de ideas muy singular, una teogonía extravagante y un modo rarísimo de apreciar las causas y los efectos de las cosas".

La poca educación de la Nela se había reducido al corto tiempo que sus padres le dedicaron. Ella, por su parte, había adquirido, como lo dice la cita anterior, una "rarísima manera de apreciar el mundo". No es extraño, entonces, que en sus explicaciones domine "el sentimiento y la fascinación por lo maravilloso", por lo sobrenatural. Recordemos la explicación que hace de las estrellas y de las flores:

"Las estrellas son las miradas de los que han ido al cielo, [mientras que] las flores, son las miradas de los que han muerto y no han ido todavía al cielo".

La superstición y la fe se combinan en el pensamiento de Marianela. Desconoce el evangelio, pero lleva dentro de su corazón una imagen muy especial de la Virgen María y de Dios:

"Habíase acostumbrado a respetar, en virtud de un sentimiento contagioso, al dios crucificado; sabía que aquello debía tocarse; sabía además algunas oraciones de rutina; sabía que todo aquello que no se posee debe pedirse a Dios, pero nada más".

En ella existe una notable tendencia a valorar la "hermosura física". Nela supone que si en la tierra es fea, en el cielo puede llegar a ser bella. La imagen de la madre de Dios hace que brote en ella la esperanza de que así sea:

"Pero Marianela hubo de añadir a su admiración el culto, y siguiendo una ley, propia también del estado primitivo, había personificado todas las bellezas que adoraba en una sola, ideal y con forma humana. Esta belleza era la Virgen María".

Este es el pensamiento de la muchacha, la pobre niña que llegó a Socartes a los quince años. Sólo fue Pablo, quien con su inicial amistad, modificó su forma de pensar y quien a su vez despertó en ella el sentimiento esencial en la vida de toda mujer u hombre: el amor. Ahora, en medio de sus reflexiones, no puede entender por qué la vida permitió que Pablo la quisiera como ella a él. Por último, en las cestas donde duerme, no se escucha otro razonamiento y el silencio da paso a un sueño fatigoso.

Comentario

Si tratamos de hacer una comparación entre la educación de Pablo y la de Marianela encontramos que ella extrae todo su conocimiento de la vida de lo que conocemos con el nombre de "tradición popular", mientras que él ha recibido una instrucción culta. En Marianela encontramos la imagen del dios castigador y de la virgen consoladora ("Dios castigaba y ella perdonaba") típica idea de las clases "menesterosas y rurales de nuestro país", como afirma el mismo Benito Pérez Galdós.

Precisamente, esta es la España que critica el autor, la España llena de fanatismos y supercherías desprendidas del mero conocimiento práctico. La religión se convierte en el somnífero del pueblo. El conocimiento científico de la realidad queda reducido a magia, rezos, miedo. Marianela es víctima de un sistema que no da lugar a las preguntas. Su amor y respeto por los símbolos religiosos es limpio, puro, pero no libre. No hay libertad porque no ha tenido ocasión de poner en duda lo que le han dado como razón comprobada. Y eso la llevará a su triste final.

Capítulo XIV
(Florentina es comparada con la Virgen María)

Resumen

"Los pensamientos, que huyen cuando somos vencidos por el sueño, suelen quedarse en acecho para volver a ocuparnos bruscamente cuando despertamos".

Entre oraciones a la Virgen, su amor por Pablo y su complejo de fealdad, Marianela recibe la luz del día. Recién levantada, lo primero que hace es orar: la Virgen, para ella, encarna toda la belleza del mundo.

Como todas las mañanas, le dedica una oración, pero hoy ha querido hacer una petición inhabitual: quiere que su fealdad sea transformada en belleza deslumbrante. Está segura de que el milagro le será concedido y su corazón palpita velozmente.

Estando la niña sumida en su monólogo, llega la señora Centeno y le llama la atención, mandándola a lavarse la cara. Inmediatamente la Nela corre al agua para verse la cara... Descubre que sigue siendo fea. Entonces, se llena de un estremecimiento desagradable, como si presintiera algo malo.

Recuerda sus diálogos con Pablo, durante los cuales hablaban de aquellos momentos en los que se sospecha durante todo el día que algo triste o alegre va a pasar. Ahora se halla en una situación de este tipo.

Sale de la casa de los Centeno mirando al cielo que se encuentra más hermoso que otros días. Corta camino por la cañada para llegar más rápido a Aldeacorba. Por más que lo intenta no puede evadir aún ese extraño presentimiento. Duda si tendrá una felicidad o una desdicha: se inclina por la primera opción, pues si habló con la Virgen la noche anterior, ella no la desamparará y le dará suerte.

Más adelante, entre absorta y asustada, descubre que el follaje se mueve:

"Miró... ¡Cielos divinos! Allí estaba, dentro de un marco de verdura, la Virgen María Inmaculada, con su propia cara, con sus propios ojos, que al mirar reflejaban toda la hermosura del cielo".

La Nela queda petrificada, no puede gritar, ni moverse, ni apartar de sus ojos aquella aparición maravillosa. Poco a poco la empieza a describir detalladamente. De pronto se da cuenta de que la situación es extraña: la que ella cree una figura celestial lleva adornos y vestiduras no muy propios de la sagrada madre de Dios; pero lo que más la desconcierta es el hecho de que empiece a comer moras silvestres. Repentinamente una voz masculina la saca de su encanto al gritar "¡Florentina, Florentina!"

Esta voz es la del hermano de don Francisco, Manuel, padre de la que Marianela ha creído una santa y que es una mujer tan humana como la propia Marianela. Manuel se aproxima a su hija Florentina y la reprende por su comportamiento incorrecto:

"No te he dicho que eso [recoger frutas silvestres] es más propio de los chicuelos holgazanes de campo que de una señorita criada en la buena sociedad. (...) Las personas decentes no comen moras silvestres".

Después de esto, don Manuel gira y se da cuenta de la presencia de la Nela, a quien ya conocía, y se la presenta a Florentina. Apenas si la huérfana puede salir de su asombro. Luego, aparece el Patriarca de Aldeacorba buscando a su hermano y su sobrina, quienes están invitados a la mesa. Don Francisco invita también a la Nela y le encomienda la tarea de pasear por el bosque a Pablo y a su hermosa sobrina.

Al llegar a la casa, la joven Florentina trata a Marianela de una manera familiar, demostrando en un acto sencillo sus buenos sentimientos para con ella: el ciego se sorprende que al poco tiempo de conocidas, ya Florentina le ofrezca chocolate a su querida Marianela.

Comentario

Se inicia en este capítulo un dilema que continuará hasta el final de la obra: el amor por lo divino y el amor por lo terreno.

Para Marianela la imagen de la Virgen María encarna el primer tipo de amor, y el segundo está representando en Pablo Penáguilas.

Cuando aparece Florentina y demuestra tener tantas virtudes como la Virgen, Marianela queda sumida en una confusión muy grande: aquí empieza a oponerse el pensamiento práctico, amor por Pablo, y el fanatismo, amor por la virgen. El desarrollo de la situación adquiere tonos dolorosos y confusos para la niña. ¿Cuál amor escogerá?

Capítulo XV
(Marianela y sus primos salen de paseo)

Resumen

No ha acabado de amanecer y ya los tres muchachos salen a pasear llenos de alegría. "Florentina empieza a correr alegremente y a suspenderse de las ramas de los árboles" para balancearse ligeramente en ellas.

Brinca como una "cabrita", toca y recoge las moras silvestres, siempre en número de tres: una para cada boca. Las ofrece con inmenso cariño tanto a Pablo como a Marianela.

Luego se dirigen a las minas que la joven Florentina quiere conocer. Cuando llegan al cráter de "La Terrible", la señorita de sociedad lo compara con "grandes grupos de bollos, pegados unos a otros por el azúcar; después de mirarlo mucho por segunda vez, lo comparó con una gran escultura de perros y gatos que se habían quedado convertidos en piedra en el momento más crítico de una encarnizada reyerta".

De paso le comenta a su primo que la vista le sirve para muchas cosas, no sólo para imaginar figuras, sino también para notar la situación de los pobres. Y refiriéndose a la Nela, dice que ella (Florentina) no concibe las diferencias sociales debidas al dinero. Al mismo tiempo le asegura a Pablo que si se queda a vivir en Aldeacorba, hará de la Nela su amiga y hermana. Ante esta actitud, el ciego queda asombrado de la nobleza y bondad de su prima.

El carácter de la muchacha enternece el corazón de la huérfana, quien se pone a llorar de la alegría al darse cuenta de que Florentina es una verdadera virgen: perfección física y espiritual.

Pablo se aproxima a la Nela y le pregunta cómo es Florentina; la Nela responde que...

"¡Es como los ángeles! –exclamó entre un mar de lágrimas–. Es como si acabara de bajar del cielo. En ella cuerpo y alma son como la Santísima Virgen María".

Sintiéndose inferior, humana, demasiado humana, Marianela se supone inferior a la niña de ciudad. Sabe que por culpa de su fealdad y pobreza, perderá el amor del hombre que quiere. De otro lado, la Nela tiene más motivos de sufrimiento: don Francisco ya ha insinuado que casará a su hijo con la bella y bondadosa Florentina. Pablo, secando las lágrimas de su amada, le dice que no permitirá que su padre le imponga una voluntad contraria a la suya [se refiere al matrimonio arreglado con Florentina].

Comentario

Por una parte encontramos a Florentina con sus virtudes y atenciones para con Pablo y la Nela; por otra parte a Marianela que no alcanza a comprender cómo un ser humano, supone, puede reunir tantas virtudes. Al verse a sí misma como torpe y desagradable, padece con rabia su destino. No quiere ser obstáculo entre el cariño que ve crecer entre los dos primos.

La comparación de Florentina con la Virgen María es un ejemplo más del particular carácter religioso de Marianela: asocia lo bueno con Dios y a Florentina y Pablo con la belleza. Aunque la novela ventila muchas críticas de tipo social y cultural, ésta es una de las que se realiza más puntualmente: la Nela no sólo pertenece al estrato social más bajo, sino que, además, su fealdad la marca como un ser despreciable, inútil en una escala de valores donde el dinero, el poder y el lujo deciden lo que es "bello".

Capítulo XVI
(Florentina hace una promesa a la Virgen)

Resumen

Pronto llega el día anhelado: la operación a la que será sometido Pablo. El doctor Teodoro llega desde muy temprano y con gran ánimo a la casa de los Penáguilas. Empieza a trabajar cuidadosamente y abre uno de los más delicados organismos del ojo: la córnea. El paciente es incomunicado con absoluto rigor y sólo su padre puede asistirle: nadie más puede verle. La Nela, por su parte, va a preguntarlo tres o cuatro veces sin obtener respuesta alguna.

Días más tarde, Florentina quiere que Marianela le enseñe su casa, y bajan a la morada de Centeno, cuyo interior causa no poco disgusto y repugnancia a la señorita, mayormente cuando ve las cestas que a la huérfana servían de cama.

Por esta razón, Florentina decide confesar a la Nela su secreto:

"He prometido [a la Virgen María] que si da la vista a mi primo, he de recoger al pobre más pobre que encuentre, dándole todo lo necesario para que pueda olvidar completamente su pobreza, haciéndole enteramente igual a mí por las comodidades y el bienestar de la vida".

Ante esta majestuosa bondad, la Nela no sabe qué expresar, si amor o rabia: "¿Cómo aborrecerla si se sentía impulsada momentáneamente a amarla con todas las energías de su corazón?".

Para esta pregunta no existe otra respuesta que el silencio y la soledad. Marianela resuelve, entonces, no volver a la casa de Pablo.

Fugitiva y pensativa se dedica a vagar sola por el bosque. Ocho días después de la operación de Pablo, Marianela va a la casa del ingeniero Carlos Golfín, y Sofía le recrimina a la niña el hecho de que no hubiera aceptado la caridad de Florentina:

"No he conocido a ningún pobre que tenga gratitud. Son soberbios, y mientras más se les da más quieren".

Cuando están en este diálogo, entra Carlos Golfín gritando alborozadamente:

"¡Triunfo completo! (...) Después de Dios, mi hermano Teodoro".

Esto significa que la operación ha sido un éxito y Pablo, finalmente, ¡puede ver!

Comentario

El desarrollo de la ciencia oftalmológica permite que Teodoro cure a Pablo. Este feliz desarrollo de los acontecimientos, favorece, paradójicamente, a todos, menos a Marianela. Sus ilusiones de amor quedan destruidas. Tiene horror a que el hombre que quiere, la vea tal como es. Pese a que Florentina insiste en que la Nela vea a Pablo, la niña rechaza toda posibilidad de encontrarse con el vidente. Sobre ella recae el complejo de inferioridad que su fealdad le ha creado y los confusos sentimientos que en su corazón han anidado hacia Pablo y su prima.

La actitud de Sofía Goldín nos la muestra como una mujer estúpida, falsamente refinada y llena de indiferencias y desprecios por los pobres.

Capítulo XVII
(Marianela se aísla)

Resumen

La noticia de la curación de Pablo corre por todo Socartes, en la región no se habla de otra cosa que del médico Teodoro, quien se convierte en una verdadera encarnación celestial. Ni qué decir del regocijo de los Penáguilas. La única que no puede participar del "milagro" es la pobre Marianela, que se encuentra más escondida y alejada de todos que nunca, sin ganas de poner un solo pie en Aldeacorba de Suso.

"En la soledad del campo pensaba ella, y decía mentalmente mil cosas, sin sospechar que eran oraciones (...) No volveré más allá... Ya acabó todo para mí... ahora, ¿de qué sirvo yo?".

Su amor propio, su orgullo, le impiden volver, y más ahora cuando Pablo puede reconocer su fealdad que le produce vergüenza, le desmorona todas sus esperanzas de amor. Su pensamiento se confunde de tal forma en medio de la soledad, que casi acepta la propuesta de Celipín de irse con él. Al volver de su recorrido nocturno, se encuentra en la casa de los Centeno con Florentina, quien le pide que regrese y vea a Pablo, pues éste desde hace días quiere verla.

El rechazo de la Nela incomoda terriblemente a Florentina, pues ahora la promesa que hizo a la Virgen no se podrá realizar. No obstante, Florentina pretende persuadir a la mendiga contándole que Pablo ha empezado a reconocer las cosas materiales y ya puede diferenciar entre lo bello y lo feo. Pablo le ha dicho a Florentina que es bella y que merece todo el cariño que pueda darse a un ser querido. Pero la Nela, definitivamente desfallece, se niega rotundamente a ir a la casa de los Penáguilas y, en medio del llanto, se despide de su amiga desapareciendo velozmente entre los ramajes.

A la buena Florentina no le queda otro remedio que regresar a casa de su primo y decirle que la Nela se ha vuelto ingrata: "Ya no quiere volver a estar con nosotros".

Comentario

Este es uno de los capítulos más intensos de la novela, en el cual los sentimientos de la Nela se desbordan ante la incómoda situación en que se encuentra; para una muchacha abandonada por la sociedad y el amor, sin ilusiones que defender, la vida se reduce a una "sin razón", al absurdo. Toda la carga crítica de la novela está representada en el destino trágico de la Nela, doblemente marcada por su condición social y por su aspecto físico.

El mundo de Marianela está dividido en los malos y buenos, pero el mundo de la novela no: en él todos pueden ser malvados porque igualmente todos son cómplices de la miseria espiritual y material en que vive la sociedad de Socartes.

Capítulo XVIII
(La Nela se decide a partir)

Resumen

Desesperada y segura de que su "amo" Pablo ya no la quiere, Marianela vaga todo el día sin encontrar alivio. Primero va a la casa de los De Aldeacorba sin dejarse ver, y luego baja a las minas. Cerca del camino se encuentra con Celipín, quien se asombra de que la Nela ande por ahí, cuando debería estar en casa de Pablo. El joven Celipín se encuentra dispuesto a partir, como lo había prometido el día anterior. La Nela nuevamente se siente con intenciones de acompañar a su amigo en el viaje que éste va a emprender:

"Pero la Nela soltó la mano de su compañero de aventuras y sentándose en una piedra murmuró tristemente: 'Yo no voy'".

Marianela se desanima a última hora como si una extraña fuerza la obligara a quedarse para siempre. Por último, Celipín le pregunta hacia qué lugar se dirige, pero ella no contesta nada: se despiden. Así inicia Celipín su adorado sueño: "La Geología había perdido una piedra, y la sociedad había ganado un hombre".

En medio de la oscuridad aparece otro de los tantos acompañantes de la huérfana, el perro "Choto". El "generoso animal, después de saltar alrededor de ella (...), echó a correr con velocidad suma hacia Aldeacorba". De pronto parece que el animal se humanizara y presintiera algo fatídico: quiere dar aviso a alguien de las intenciones de la Nela, pues ésta se dirige a la Trascava.

Al mismo tiempo. "Teodoro Golfín salía de la casa de Penáguilas. Llegose a él Choto y le dijo atropelladamente no sabemos qué. Era como una brusca interpelación pronunciada entre bufidos del cansancio y los ahogos del sentimiento".

Finalmente, Teodoro sigue al Choto y escucha la voz de la Nela llamando al perro. Entonces, decide seguirla dándose cuenta de que la niña tiene intenciones peligrosas:

"La Nela avanza después más rápidamente. Al fin corre. Golfín corre también. Después de un rato de esta desigual marcha, la chiquilla se sentó en una piedra. A sus pies se abría el cóncavo hueco de la Trascava, sombrío y espantoso en la oscuridad de la noche".

El médico se abalanza rápidamente a la sima y le grita a la muchacha que regrese, pero ésta no responde a sus llamados. Después de un tiempo, Teodoro logra persuadirla y la saca del "tragadero de la Trascava".

Comentario

Lo único que decide Marianela, claramente, es partir. Después de rechazar la propuesta de Celipín, y encerrada atrozmente en su sinsalida, considera que sólo le queda la muerte. Pérez Galdós utiliza un recurso muy sutil para detener las intenciones de Marianela: la presencia de Choto, el perro de Pablo, quien da aviso a Teodoro.

Aquí observamos cómo aparecen diferentes elementos de la obra, volviéndose algunos más significativos, en particular el perro Choto y el abismo de la Trascava. El perro ha permanecido siempre en un segundo plano; sin embargo, en este capítulo desempeña un papel decisivo. La Trascava, a su vez, ha sido un motivo recurrente en la novela, pero sólo aquí adquiere total significación: no sólo es un lugar horrible, el sitio donde se suicidó la madre de Marianela. Es, ante todo, el lugar donde Marianela desea morir.

Los acontecimientos se han desencadenado desfavorablemente para la protagonista y la magnitud del desengaño crece con el correr de las horas. La realidad "esa niveladora implacable" como la ha llamado Pérez Galdós, acaba por imponer sus condiciones. La debilidad y sensibilidad de Marianela, que antes la habían favorecido, ahora se convierten en un factor en su contra. No tiene salidas, no quiere pensar, el encierro es definitivo y la noción católica de autocastigo como purificación por el pecado, aparece en toda su dimensión: Marianela quiere morir...

Capítulo XIX (Teodoro logra convencer a Marianela)

Resumen

Al poco rato de estar caminando, Teodoro interroga a la huérfana. Le pregunta cuál es el motivo que la ha llevado a pensar en el suicidio, y ella responde que quiere estar con su mamá para calmar el dolor que la agobia. Golfín reprende a la Nela, buscando que abandone las supersticiosas ideas que tiene en la cabeza y demostrándole que él es su amigo, que puede confiar en él. Le explica que, a pesar de todo, vivir vale la pena. Sin embargo, el médico desconoce aún la verdadera causa de la trágica decisión tomada por Marianela.

Antes de la llegada del médico, ella era feliz al lado de Pablo, pero cuando éste arribó y operó al muchacho, todo cambió para la huérfana. Pablo se dará cuenta, ahora, de la realidad material que lo rodea y apreciará la fealdad de Marianela. Además, con la llegada de Florentina, las cosas se complican, pues la prima de Pablo no es una joven soberbia, materialista, frívola, sino todo su contrario: una bella mujer —físicamente hablando—, bondadosa, comprensiva y de una clara solidaridad (demostrada en su anhelo de ayudar a Marianela).

Ante esta situación, la huérfana no sabe qué hacer: ¿dejarse ver de Pablo?, ¿odiar a Florentina?, ¿aceptar sencillamente la idea del matrimonio de los primos? Pero esto último, la Nela no lo quiere reconocer. ¿Cómo aceptar que otra persona se lleve a la persona que amamos? No es que sienta celos por Florentina; éste no es un problema de celos:

"Yo la quiero a ella también; pero no en Aldeacorba —dijo la chicuela con exaltación y desvarío—. Ha venido a quitarme lo que es mío..., porque era mío, sí señor".

En un momento de descuido, Marianela trata de fugarse del lado de Teodoro. No lo logra, pues éste la agarra con fuerza para "obligarla" a ir a casa de Pablo. En un gesto de sinceridad abierta, Teodoro le propone a Marianela que si no estará a gusto quedándose con Florentina, se puede ir con él, como si fuera su hija. Llegan a Aldeacorba y Florentina se alegra visiblemente de recibir a tan agradables visitantes.

Comentario

El título de este capítulo se refiere directamente a la Nela. Y no es que lo haga de una manera sarcástica, sino que se refiere al hecho de controlar la "furia silenciosa" que hay en la muchacha. Para tal efecto, el médico utiliza sus habilidades como consejero y amigo. Progresivamente, Teodoro Golfín se ha venido convirtiendo en uno de los personajes primordiales de la obra. Su preocupación por la Nela y Pablo, y su posición de espectador activo de los conflictos generados durante su estadía en Socartes, hacen de él un personaje específicamente adecuado para solucionar el nudo narrativo que en la novela se ha formado.

En medio del desamor y la crudeza en que ha crecido Marianela, el interés mostrado por el médico de evitar el suicidio de la joven, se convierte en una "isla" en medio de la indiferencia, donde todos, indirectamente, parece que quisieran una sola cosa: que Marianela desaparezca para que el matrimonio de los dos jóvenes sanos, inteligentes y adinerados, sea una feliz coincidencia de la realidad con la premeditación, situación de la cual "nadie saldrá herido".

Capítulo XX (Pablo adquiere el don de la vista)

Resumen

Tratando de recuperar los cabos sueltos de la historia, el narrador se ocupa de Pablo Penáguilas y de sus primeras impresiones después de recuperarse de la operación. Cuando le levantaron las vendas se le arremolinaron mil imágenes en la cabeza. Luego identificó las montañas y el cielo y, por último, vio a una hermosa muchacha, Florentina, de quien se enamora inmediatamente.

Horas más tarde, reconoce a su padre, a su tío y a la gente de la casa, pero no a la Nela, por las razones ya expuestas.

Los días transcurren felizmente para Pablo y sólo una nube oscurece su horizonte: Marianela no ha ido a visitarlo desde la operación. Solicita a su prima que vaya a buscarla. Florentina regresa con malas noticias y confiesa a su primo que está muy desilusionada con la huérfana: es una muchacha ingrata y no quiere regresar. Sin embargo, Pablo la defiende y le dice a Florentina que Marianela... "es vergonzosa y muy modesta. Teme molestar a los de la casa".

La ausencia de la Nela y la presencia de Florentina hacen que Pablo poco a poco vaya perdiendo el interés en la primera y se enamore fuertemente de la segunda.

Comentario

Se comprueba aquí cómo el cambio de punto de vista altera nuestras conclusiones de la realidad. Pablo modifica abruptamente su favoritismo por la Nela. Ahora se deja llevar por las impresiones materiales: centra su atención en la belleza de Florentina.

Interpretar la valoración que este hecho recibe dentro de la obra es difícil. Marianela no es una nueva versión de "La historia de la bella y la bestia". Las pretensiones realistas del autor hacen que éste no sea un cuento de hadas: aquí el amor no ha sido idealizado por el narrador, sino que se muestra con todas las contradicciones de un sentimiento ambiguo y lleno de sorpresas insospechadas y, a veces, crueles.

El amor puede cambiar de objeto cuando cambiamos de perspectiva: la historia de *Marianela*, entre otras muchas de sus lecciones, nos habla de la relatividad del amor, de lo difícil que es amar... De su realización real en nuestras vidas.

Capítulo XXI
(La muerte de Marianela)

Resumen

"Había llovido toda la mañana. Después aclaró el cielo, y, por último, sobre la atmósfera húmeda y blanca apareció majestuoso un arco iris. El inmenso arco apoyaba uno de sus pies en los cerros de Ficóbrigas, junto al mar, y el otro en el bosque de Saldeoro. Soberanamente hermoso en su sencillez, era tal que nada puede compararse, como no sea la representación absoluta y esencial de la forma. Es un arco iris como el resumen, o mejor dicho, principio y fin de todo lo visible".

Después de mucho tiempo, el ahora vidente Pablo y la mendiga Marianela vuelven a encontrarse. Esta vez, él observa de una manera diferente a la Nela. Ahora ella es una simple muchacha "infeliz", que ha corrido con la suerte de encontrarse con la bondadosa Florentina. Los ojos de Pablo destruyen la idealización que había hecho el espíritu. La Nela sucumbe ante los ojos del hombre que quiere, pues ahora éstos delatan su fealdad... Y huye.

Al poco tiempo, Marianela muere. No hay enfermedad física que la haya destruido. Pero todos sabemos cuál fue la causa de su dolor y muerte. Sobre su cuerpo acoge las manos de Florentina y Pablo, como aprobando el futuro matrimonio de los primos:

"Después, sus labios no se movieron más. Estaban entreabiertos y se veía la fila de blancos dientecillos. Teodoro se inclinó y, besando la frente de la Nela, dijo así con firme acento:

–Mujer, has hecho bien en dejar este mundo.

Florentina se echó a llorar, murmurando con voz ahogada y temblorosa:

–Yo quería hacerla feliz, y ella no quiso serlo".

Comentario

El final trágico de una persona inocente que muere víctima de unas circunstancias que le son adversas, se repite en *Marianela*, de la misma forma que en otras obras de Pérez Galdós, específicamente en *Doña Perfecta*, que también tiene un desenlace dramático. La crítica literaria ha señalado ese gusto del autor por los finales trágicos como símbolo de todo ese final trágico que es la historia de España de finales del siglo XIX.

Con la muerte de Marianela, injusta desde todo punto de vista, pareciera que la naturaleza —en una burla a los hombres— expulsara del reino de la vida a una criatura que nació deforme. Es cruel pensarlo así, pero de pronto todo en la hacienda de los Aldeacorba vuelve a una normalidad anunciada. Lo que era extraño desapareció y el mundo vuelve a su orden anterior "cuando nada era desigual y feo".

Capítulo XXII (El entierro de Marianela)

Resumen

En vista de que Florentina no pudo cumplir su promesa de convertir a Marianela en una muchacha educada y de buena familia, se propone darle un magnífico sepulcro para que "nadie la olvide en aquella región" (mentiras porque después de muerta todos la olvidaron). Como no se encuentra su registro civil de nacimiento en la parroquia, Florentina decide inventarle un nombre bien pomposo. Ya no llevará el nombre de Marianela sino el de "Mariquita Manuela Téllez", nombre que quedará en la lápida del cementerio.

"Los funerales se celebraron con pompa y los clérigos de Villamojada abrieron tamaña boca al ver que les daba dinero por echar responsos a la hija de la Canela. Era estupendo, fenomenal, que un ser cuya importancia social había sido semejante a la de los insectos, fuera causa de encender muchas luces, de tender paños y de poner roncos a sochantres y sacristanes".

La estructura social se rompe durante el entierro de Marianela y el acontecimiento raya en lo carnavalesco. La ironía de la vida deja una imagen distinta de lo que en realidad fue el "arco iris" (metáfora de la vida) de la Nela. Tanto es así, que las generaciones posteriores, turistas, periodistas y revistas extranjeras guiados por la santuosa lápida de la muchacha, creen que se trata de una gran dama de la sociedad.

Pérez Galdós parodia la cruel situación en un fragmento que creemos digno de ser incluido en su totalidad: en efecto, uno de aquellos turistas escribió unos apuntes titulados *Sketches from Cantabria* ("Escenas de Cantabria"), que aparecieron en un periódico inglés:

"Lo que más sorprende en Aldeacorba es el espléndido sepulcro que guarda las cenizas de una joven, célebre en aquel país por su hermosura. Doña Mariquita Manuela Téllez perteneció a una de las familias más nobles y acaudaladas de Cantabria: la familia de Téllez, Girón y Trastamara. De un carácter espiritual, poético y algo caprichoso, tuvo el antojo (*take a fancy*) de andar por los caminos tocando la guitarra y cantando odas de Calderón, y se vestía de andrajos para confundirse con la turba de mendigos, buscones, trovadores, toreros, frailes, hidalgos, gitanos y muleteros... El abad de Villamojada lloraba hablándonos de los caprichos, de las virtudes y de la belleza de la aristocrática rica-hembra, la cual sabía presentarse en los saraos, fiestas y cañas de Madrid con el porte (*deporment*) más aristocrático. Es incalculable el número de bellos romanceros, sonetos y madrigales compuestos en honor de esta gentil doncella por todos los poetas españoles".

Comentario

Pérez Galdós, en esta última escena, enfila sus baterías repletas de burlas, sarcasmos e ironías contra la sociedad española. Todos, absolutamente todos, olvidaron a la Nela. La hipocresía del entierro —repleto de personas, flores, llantos, manos en el pecho— aparece ahora en su plenitud: todo fue teatro, una farsa, y por una "niña fea, huérfana y miserable" no van a cambiar los sentimientos ni los recuerdos de nadie.

Analicemos en detalle los últimos párrafos de la novela. Pérez Galdós, con una magnífica capacidad de síntesis, metamorfosea, altera la realidad. La ficción es más poderosa y verdadera que la realidad —parece decirnos el novelista español. Enumeremos las mentiras que dijeron los turistas ingleses sobre Marianela:

1. Marianela estaba enterrada en un "espléndido sepulcro". Espléndido quiere decir "decente". Sus amos, posiblemente, querrían no remorderse la conciencia con culpas del pasado. Mejor pagar la deuda: una pobre bien enterrada es mejor que una viva causando incomodidades.

2. Era una "ilustre joven". Socialmente ilustre en nada. Tal vez ilustrada en saber enseñarle la naturaleza a Pablo.

3. "Célebre por su hermosura". Sin comentarios.

4. Se llamaba "Doña Mariquita Manuela Téllez...". En verdad se llamaba Marianela y por economía de palabras le decían "Nela". Su apellido, en verdad, nunca nos fue revelado. Era "la hija de nadie".

5. "Pertenecía a una familia noble y acaudalada". De su familia sólo se sabía que su padre era alcohólico y que su

madre se había suicidado. Quiso ser adoptada, pero orgullosamente se negó.

6. Tenía un "carácter espiritual, poético y algo caprichoso". Si no fuera una burla esta descripción, podríamos opinar que era cierto (al menos las dos primeras cualidades). En verdad, Marianela era sincera, entregada, soberana e intensamente capaz de dar amor sin esperar nada a cambio.

7. Anduvo por pueblos y caminos "tocando la guitarra y cantando odas a Calderón". Ni lo uno ni lo otro. El único camino que buscó fue el de la felicidad de querer y cuidar a Pablo. También le cerraron esa ruta.

8. El máximo religioso de esa provincia lloraba, recordando de Marianela "sus virtudes, caprichos y la belleza de la aristocrática hembra", sueño de hombres y envidia de las mujeres que la vieron en bailes y fiestas de Madrid. La Nela nunca estuvo en Madrid. Su mundo eran unos pocos kilómetros a la redonda, mundo cuyo único centro era un hombre ciego que apenas recuperó la visión, la abandonó por otra mujer, eso sí, adinerada, bella y capitalina. Es de suponer que Marianela nunca estuvo en una fiesta o coctel que se le pareciera. Salvo en sueños, como el personaje de "La cenicienta".

9. Es incalculable la cantidad de poemas y romances que cantan la memoria de Marianela. Esa antología, "Recordando a la bella Marianela", no se ha publicado porque no existe. El único poeta, y esa es la real y dura verdad de este libro, que la ha cantado, es el propio Benito Pérez Galdós, y nosotros quienes hemos llorado al leer esta triste e injusta historia.

De todos modos, como dice el novelista, eran necesarias todas esas mentiras porque "averiguada la verdad, de ella resultó este libro".

TEMAS CLAVE DE LA OBRA

El amor frustrado

Unidos por la voluntad de servirse, Pablo y Marianela se dejan llevar por los ímpetus del amor. Juntos prometen encontrar un lazo que los una definitivamente; pero entre estos dos nobles jóvenes se interpone "la realidad": Marianela es una huérfana miserable, mientras que él es hijo de la familia más pudiente de Socartes.

A pesar de que el amor de juntos es fuerte, no puede sobrepasar los obstáculos que les impone la sociedad y el mundo real. Estos han creado ciertas normas de comportamiento que deben seguirse: un "muchacho de sociedad" ha instaurado ciertos patrones de belleza que manipulan los comportamientos de las personas. El amor de esta pareja es un amor de cuento de hadas, pero el mundo, desgraciadamente, es real, y un amor de este tipo no puede tener un final feliz.

La belleza

En la novela se enfrentan dos concepciones de *belleza*: la física y la espiritual. Estas concepciones influyen de manera que cada personaje incluso, llega, por culpa de este motivo, a condicionar su forma de pensar y de actuar.

Así, encontramos el caso de Marianela, quien da muchísima importancia al aspecto físico de las personas y se compara siempre con las demás, sucumbiendo ante el complejo de sentirse fea. Durante la novela, oculta a Pablo su verdadero aspecto físico y crea en el ciego una imagen falsa. Por eso, cuando él reconoce el mundo material por medio del sentido de la vista, se encuentra con ella y no la reconoce, la confunde con una infeliz mendiga. En este momento la obra llega al punto de mayor emoción, pues el concepto de belleza espiritual de Pablo ciego ("la belleza es el resplandor de la bondad y la verdad") es superado por el de la belleza física del Pablo vidente. Con esta actitud causa la muerte de la Nela, que no puede soportar que su amo la observe.

La belleza física se constituye en un valor esencial de esa sociedad materialista, que desprecia, casi de manera rotunda, todo tipo de virtud espiritual que pueda poseer una persona fea y sin dinero. En la novela, Florentina encarna el prototipo de belleza que pretende dicha sociedad: mujer hermosa y de buena familia.

El conflicto social

El personaje que marca el eje del conflicto social en *Marianela* es don Francisco Penáguilas, quien pretende a costa de cualquier sacrificio, conservar su posición social. Por eso, no consiente que su hijo se relacione con Marianela. Para lograr que su hijo sea apto para casarse con su sobrina Florentina, don Francisco recurre a los servicios del médico oftalmólogo Teodoro Golfín, quien opera al ciego y permite que el matrimonio se realice. Observamos cómo, nuevamente, el factor económico se interpone entre dos seres que se aman.

Otro personaje fundamental en este sentido es Teodoro Golfín. Su ideal "adelante, siempre adelante", es el que le ha permitido ascender de posición social. Al igual que su hermano y que su epígono Celipín, Teodoro es el ejemplo del hombre pobre que con trabajo y decisión, consigue el triunfo y la fortuna de la que carecía de niño y de joven.

El concepto de realidad

"He podido comprender que la parte más maravillosa del Universo es esa que me está vedada", son las palabras del ciego que sirven de excusa para cuestionar el proceso de conocimiento de la realidad. ¿Qué es la realidad? ¿Existe una sola realidad? ¿La realidad se opone a la fantasía? Quizás estos interrogantes queden someramente planteados en la novela, pero, en general, sí se dan ejemplos que nos permiten evaluarlos.

Cuando el joven Pablo dialoga con Marianela se observan dos tipos de aproximación a la realidad: una forma fantástica y otra forma práctica. En este análisis ya hemos mencionado el pasaje en que se habla de las estrellas; en él se pone de manifiesto que una misma realidad genera diferentes interpretaciones. Sin embargo, no se puede afirmar que la una es falsa y la otra verdadera; por el contrario, ambas poseen validez. Como se dice popularmente, no existen verdades absolutas, sino metáforas sobre las mismas realidades, las cuales enriquecen nuestro conocimiento de la realidad.

A veces, lo que sucede es que otros factores ajenos a la realidad como el dinero, el poder y las consecuencias socioculturales imponen un concepto de belleza física al que nos hemos referido anteriormente.

Marianela resulta, así, una reflexión sobre el oficio mismo del escritor realista: pone de presente que siempre miramos e interpretamos la realidad desde cierto punto de vista y que nunca existe en objetivismo puro. El problema es entonces, entender desde dónde se realiza nuestra interpretación y con qué valores (ideológicos, estéticos, etc.) nos apoyamos para hacerla.

Eminentemente, la valoración de la realidad que hace Pérez Galdós a través de sus personajes, es social, crítico-social.

LOCALIZACIÓN

Ubicar una obra dentro de un espacio geográfico real resulta no sólo imposible, sino también pretensioso. Cada obra construye su propio universo en el que se desarrollan las acciones. Pérez Galdós, por ejemplo, concibe el mundo real como material de trabajo, lo trasforma y lo lleva a ese mundo creado por la obra.

El Madrid de Galdós no es, así, una copia o un reflejo del Madrid real; es una versión de ese Madrid, su traducción literaria.

Ponemos el ejemplo de Madrid porque en el mundo real existe una ciudad con ese nombre, pero también hay casos en los que el autor no usa un nombre del mundo real: es el caso de Socartes.

Galdós, sin embargo, no es un autor de literatura fantástica, y si bien no podemos precisar con exactitud la ubicación geográfica de Socartes, tal vez sea importante tomar en cuenta la observación realizada por el autor al principio de su novela:

"Ya se ve que estamos en el norte de España".

Esta observación, sumada al hecho de que Socartes es una región minera de donde se extrae carbón, nos permite hacer una localización tentativa del espacio físico de la obra en el siguiente mapa:

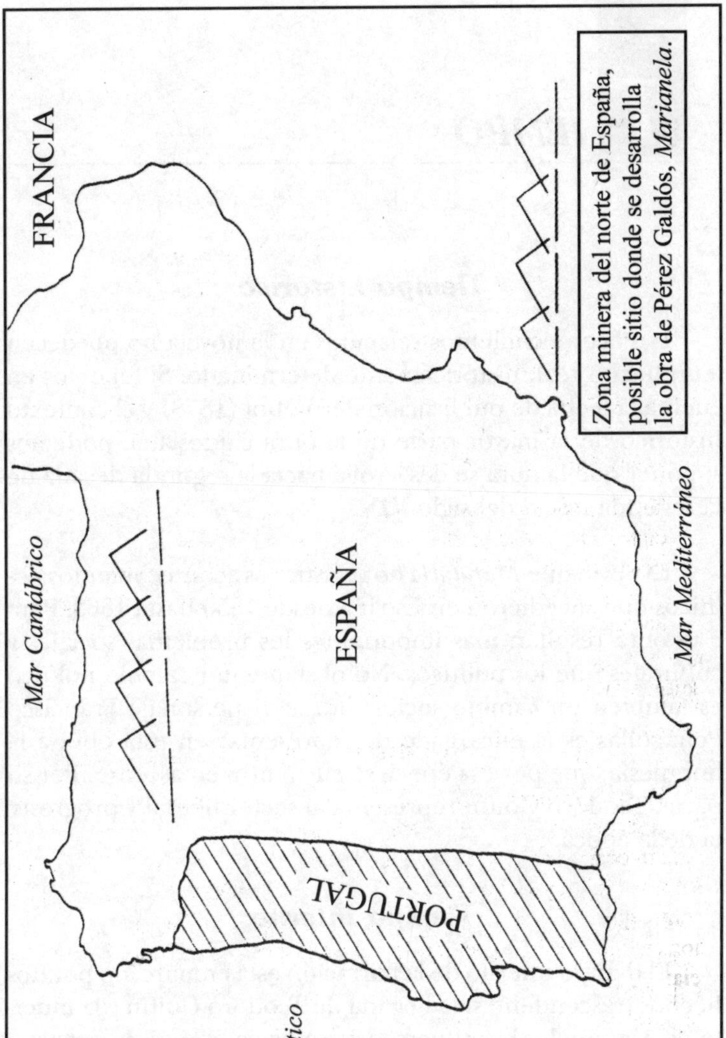
FRANCIA
Mar Cantábrico
ESPAÑA
PORTUGAL
Océano Atlántico
Mar Mediterráneo
Zona minera del norte de España, posible sitio donde se desarrolla la obra de Pérez Galdós, *Marianela*.

TIEMPO

Tiempo histórico

Los acontecimientos relatados en la novela no obedecen a un hecho real, históricamente determinado. Si tenemos en cuenta la fecha de publicación de la obra (1878) y el contexto histórico de la mayor parte de la obra galdosiana, podemos suponer que la obra se desarrolla hacia la segunda década de la segunda mitad del siglo XIX.

Es obvio que *Marianela* no registra los acontecimientos políticos que sucedieron en España desde 1850 hasta 1868. Para esta obra resultan más importantes los problemas sociales y culturales que los políticos. No obstante, un cambio político es también un cambio sociocultural: el personaje Francisco Penáguilas es el encargado de representar en esta obra a la burguesía, que por esa época se encuentra en ascenso. Por su parte, Teodoro Golfín representa al sector liberal y progresista de la época.

Tiempo interno

El tiempo interno de la narración está enmarcado por dos hechos trascendentes: la llegada de Teodoro Golfín y la muerte de Marianela. El primero ocurre hacia el mes de septiembre: "...le he conocido a usted —dice Golfín a Pablo—, y seremos amigos, quizás muy amigos... vaya, adiós; a casa pronto, que el fresco de septiembre no es bueno..." (capítulo II). El segundo momento sucede hacia octubre. La fecha está escrita en la lápida de Marianela:

"*R.I.P.*
María Manuela Téllez
Reclamola el cielo
En 12 de octubre de 186...".
(Capítulo XXII).

De acuerdo con estas citas, podemos deducir que la narración tiene una duración aproximada de un mes.

ANÁLISIS DE PERSONAJES

Generalmente se definen los personajes como aquellos sujetos que realizan acciones dentro de la historia, aclarando las relaciones que existen entre ellos. Además, encontramos que los personajes poseen aspectos altamente informativos para el lector, que le permiten construir el ambiente general de la obra.

Existe un recurso muy utilizado por los novelistas, y es el de presentar a los personajes en dos planos diferentes, asociando las características de cada personaje con un plano que les corresponda. Así, en *Marianela* se presenta la oposición entre dos clases sociales: una clase alta, adinerada, y otra baja, paupérrima. La primera está representada por la familia Penáguilas (Francisco, Manuel, Pablo y Florentina) y por los hermanos Golfín y Sofía. Mientras que la familia Centeno corresponde a la clase baja, y Marianela a su más bajo estrato: la mendicidad.

Para realizar esta distribución no basta una buena documentación sobre "los escenarios, las gentes, la indumentaria", sino que se requiere una gran habilidad para armonizar los personajes y sus valores. En Pérez Galdós existe una gran preocupación por identificar los personajes con su nombre. Al respecto ha dicho el novelista y ensayista español que "los nombres atribuidos a los personajes revelan con su incertidumbre y plasticidad la condición proteica de quienes los llevan".

Por ejemplo, expliquemos ciertos nombres como Teodoro Golfín y Marianela. En la novela se revela que el nombre de Marianela corresponde a la suma de los nombres de María y Canela. Pero, además, comenta la protagonista, "algunos me llaman Nela. Dicen que este es nombre de perra". ¿Querrá decir, entonces, que el nombre de Marianela corresponde a su condición inhumana de vivir?

Otro ejemplo es el apellido Golfín, al cual se refiere Teodoro como de origen inglés: "Hasta nuestro apellido parece que es de pura casta sajona. Yo lo descompondría de este modo: *gold*, oro...; *to find*, hallar...". Relacionando este Golfín ("encontrador de oro") con el "adelante, siempre adelante", podemos afirmar que este personaje, en toda la novela, es el más afortunado, tanto económica como intelectualmente.

Personajes principales

MARIANELA

Muchacha servicial e imaginativa. Su vida se debate entre el amor que profesa por Pablo y su complejo de fealdad. Carece de educación regular; es supersticiosa y posee una religiosidad propia de la clase popular. Cree en la Virgen María como símbolo de la belleza y la bondad. Sus propias palabras revelan una honda preocupación por la belleza física:

"Mi corazón es todo para él. Este cieguito que ha tenido el antojo de quererme mucho, es para mí lo primero del mundo después de la Virgen María. ¡Oh! ¡si yo fuese grande y hermosa; si tuviera el talle, la cara y el tamaño..., sobre todo el tamaño de otras mujeres!".

A sus dieciséis años parece una niña, "pues su estatura debía contarse entre las más pequeñas correspondiendo a su talle delgadísimo y a su busto mezquinamente constituido", como dice el autor.

Se entrega a sus amigos y a quienes ama hasta el punto de sacrificar su vida: baste recordar la escena del penúltimo capítulo en la que ella, al morir, enlaza las manos de Pablo y Florentina como símbolo de su matrimonio.

PABLO PENÁGUILAS

Sentimentalmente este personaje posee dos facetas: su amor por Marianela y su repentino enamoramiento por Florentina. El muchacho tiene aproximadamente veinte años, "estatura del más excelso barro humano, suave, derecho, con la cabeza inmóvil, los ojos clavados y fijos en sus órbitas como lentes expuestos en un muestrario".

Posee una educación muy culta y a pesar de ser ciego de nacimiento, vive entregado al pensamiento y trata de aprehender el mundo por medio de la razón y el entendimiento; además tiene un gran espíritu de indagación. Hasta la mitad de la novela, su mayor deseo es ver el mundo material. Cuando adquiere el don de la vista, varían sus opiniones de la realidad, perjudicando a Marianela, pues Pablo se enamora de su prima Florentina:

"¡Florentina, Florentina! (...) De tu cara salen unos como rayos, al fin puedo tener idea como son los ángeles. Y tu cuerpo, y tus manos, tus cabellos vibran mostrándome ideas preciosas".

TEODORO GOLFÍN

Hombre sencillo que a pesar de su extracción social baja ha alcanzado con éxito sus propósitos: ser un gran médico oftalmólogo. Es un hombre de mediana edad, de complexión recia, buena talla, ancho de espaldas, resuelto de ademanes, firme de andaduras, basto de facciones, de mirar osado y vivo, ligero a pesar de su regular obesidad, y excelente persona por donde quiera que se le mire.

En su corazón se esconde una gran bondad por las gentes más necesitadas; desde que llega a Socartes demuestra gran aprecio por Marianela, brindándole un cariño muy paternal. Cuando ella se va a suicidar, el buen médico le reprocha

"—(...) responde claramente, como se responde a un confesor o a un padre.

—Yo no tengo padre—, replicó la Nela.

—Es verdad; pero figúrate que lo soy yo, y responde ¿qué ibas a hacer allí?".

Personajes secundarios

FLORENTINA

Personifica la belleza, la bondad y la caridad, al mismo tiempo que la inconformidad con las diferencias sociales causadas por el dinero. Muy a pesar de su posición social, ofrece un cariño sincero a Marianela.

"—Nela, querida hermana—, dijo Florentina con elocuente cariño. —¿Qué conducta es esa?—".

Florentina es la realización material de la belleza ideal: "El óvalo de su cara era menos angosto que del tipo sevillano, ofreciendo la graciosa redondez del itálico. Sus ojos, de admirables proporciones, eran la misma serenidad unida a la gracia, a la armonía, con un mirar tan distinto de la frialdad como del extremado relampagueo de los ojos andaluces".

FRANCISCO PENÁGUILAS

De este personaje hemos hablado constantemente durante el análisis. Aquí ofrecemos dos descripciones que hace el narrador, obviamente no carentes de ironía:

"Obeso, bigotudo, entrecano, encarnado de rostro, simpático y afable mirar, de aspecto entre soldadesco y campesino (...), en mangas de camisa con tirantes y mostrando hasta el codo los velludos brazos".

"Don Francisco Penáguilas era el hombre más bueno: era inmejorable, superiormente discreto, bondadoso, afable, honrado y magnánimo, no falto de instrucción. Nadie lo aborreció jamás".

CELIPÍN CENTENO

El hijo menor de los Centeno. Piensa llegar a ser médico, como Teodoro Golfín, razón por la cual ahorra cuanto dinero puede. Desea marcharse a Madrid a estudiar. Representa al joven soñador e idealista:

"(El dinero) no es para vicios (...) es para hacerme hombre de provecho, Nela, para hacerme hombre de pesquis como muchos que conozco".

"Un minuto después se veía a sí mismo en figura semejante a la de don Teodoro Golfín, poniendo ojos nuevos en órbitas viejas, claveteando piernas rotas, y arrancando criaturas a la muerte (...). Viose cubierto de riquísimos paños, las manos aprisionadas en guantes olorosos y arrastrado en coche, del cual tiraban cisnes, que no caballos, y llamado por reyes, o solicitado de reinas, por honestas damas requerido, alabado de magnates y llevado en triunfo por los pueblos todos de la tierra".

CHOTO

Es el perro amigo fiel tanto de Pablo como de Marianela. Guía a su amo cuando la Nela no lo puede hacer y los acompaña a ambos en sus paseos diarios. La única descripción que encontramos de él en la obra se reduce a decir que era "un perro negro y grande".

CARLOS GOLFÍN

Hombre pacífico, estudioso, esclavo de su profesión, apasionado por la minería y la metalurgia. Personifica al hombre de industria. Vale para él lo mismo que se dijo sobre su hermano.

MANUEL PENÁGUILAS

Es un hombre adinerado, de muchos lujos y preocupaciones económicas. Pretende, al igual que su hermano, ascender en la escala social por medio de su poderío económico. Su aspecto físico revela al hombre lujoso y acaudalado:

"Era un hombre de edad madura, mediano de cuerpo, algo rechoncho, de cara arrebolada (...); pequeño de piernas, un poco largo de nariz, y magnificado con varios objetos decorativos, entre los cuales descollaba una gran cadena de reloj y un fino sombrero de fieltro de alas anchas".

SOFÍA

"Excelente señora de regular belleza, cada día reducida a menor expresión, por una tendencia lamentable a la obesidad".

Es el prototipo de la mujer preocupada por las apariencias sociales. Desea ser considerada una persona bondadosa y caritativa, aunque sinceramente no puede serlo. Su trato para con Marianela refleja toda su hipocresía y arribismo.

SINFOROSO CENTENO

Hombre falto de carácter. Su esposa maneja los hijos y la casa. Sólo se dedica a leer el periódico y a dirigir lo concerniente al ganado de la mina.

SEÑANA CENTENO

Esta señora representa la mujer ambiciosa de clase baja: no se preocupa por la educación y bienestar de sus hijos, sino por el dinero que ellos pueden ganar con el trabajo de la mina.

TANASIO CENTENO

Es el claro retrato del hombre indiferente ante el mundo; es inválido y falto de ingenio:

"Era un hombre apático, su falta de carácter y de ambición rayaban en el idiotismo".

MARIUCA Y PEPINA CENTENO

No carecen de encantos, siendo los principales su juventud y robustez. Incultas, "apechugadas", muy derechas y erguidas como amazonas, su vestuario es de falda corta y de pie descalzo. La participación de juntas en la obra es intrascendente.

RECURSOS LITERARIOS

FORMALES

Tipo de narrador

El narrador de Marianela se caracteriza por tomar la posición de un Dios todopoderoso que se encuentra presente en todas partes y sabe todo lo que ocurre. Este tipo de narrador se denomina "narrador omnisciente": conoce los pensamientos más recónditos de los personajes y posee el poder de estar en dos o más sitios al mismo tiempo, como ocurre en el siguiente ejemplo:

"Al verse acariciada por Choto, la Nela sintió escalofríos. El generoso animal, después de saltar alrededor de ella, gruñendo tanta expresión que faltaba muy poca para que sus gruñidos fuesen palabras, echó a correr con velocidad suma hacia Aldeacorba. Creeríase que corría tras una pieza de caza; pero al contrario de ciertos oradores, el buen Choto ladrando hablaba.

"A la misma hora, Teodoro Golfín salía de la casa Penáguilas. Llegose a él Choto y le dijo atropelladamente no sabemos qué". (Capítulo XVIII).

El narrador, además, se refiere a los personajes en tercera persona. El tiempo de narración es pasado y se mantiene así hasta el final de la obra, cuando se maneja el presente y el futuro:

"...busquemos a otro ser, rebusquémosle, porque es tan chico que apenas se ve; es un insecto imperceptible, más pequeño sobre la faz del mundo que el philloxera en la breve extensión de la viña. Al fin le vemos; allí está, es pequeño, mezquino, atomístico. Pero tiene alientos y logrará ser grande..." (Capítulo XXII).

Constantemente el narrador cede su puesto a los personajes para que ellos mismos cuenten sus propias historias:

"Señora, oiga usted y calle... Voy a poner cátedra de esto... Óiganme todos los pobres, todos los desamparados, todos los niños perdidos... Yo entré en los escolapios como Dios quiso; yo aprendí como Dios quiso..." (Capítulo X).

Estructura de la obra

La novela de Galdós se encuentra dividida en veintidós capítulos de mediana extensión. La intención del autor es conseguir la coherencia en su desarrollo. Cada uno de los capítulos trata un tema específico, sin perder por esto el carácter global de la obra. Estas divisiones pueden ser analizadas independientemente, pero todos y cada uno de ellos están íntimamente ligados dentro del contexto; para decirlo de otra forma, cada uno tiene una estricta relación con la historia central de Nela y Pablo.

Dicha división parece estar relacionada con el fin de lograr una mayor claridad de todas y cada una de las situaciones que se dan en el desarrollo de la obra. Cada capítulo posee un título que define el tema que tratará a continuación.

La trama de la obra se desarrolla de acuerdo con el orden lógico de los acontecimientos. En primera instancia, Teodoro Golfín llega a las minas de Socartes, allí tiene lugar el encuentro con Pablo y Marianela; posterior a este encuentro aparece una serie de descripciones con el fin de darle mayor claridad al contexto de la relación que existe entre Pablo y Nela. Igual función cumple, por ejemplo, el capítulo donde se habla de los miembros de la familia Centeno. Ya aclarado lo referente a los espacios en que se desarrolla la obra, el autor entra en la vida sentimental de los dos protagonistas durante tres capítulos. Hasta ese momento la relación de ambos se mantiene inalterable y de acuerdo con sus sueños, aspiraciones y expectativas.

Esta relación sólo se verá alterada a partir de la aparición de la prima Florentina y de la operación que realiza Teodoro Golfín, quienes intervienen de manera significativa en sus vidas. En los siguientes capítulos la trama de la obra se transforma por la mencionada operación: la Nela decide no volver a casa de los Penáguilas e intenta buscar una salida fatal. Golfín será el encargado de evitar la tragedia y conducirá a Marianela a casa de Pablo. En el penúltimo capítulo ocurre el encuentro y repentinamente Pablo reconoce a Marianela, desembocando todo el drama en la muerte de la muchacha.

En el último capítulo, el narrador se encarga de explicar por qué se decidió a contar esta historia.

Manejo del tiempo

La narración se realiza linealmente, pero los hechos anteriores a la llegada de Teodoro Golfín son narrados por los mismos personajes a manera de recuerdos (como los *flash-back* —retrocesos narrativos— del cine).

Con esto el autor consigue rescatar los sucesos del pasado de mayor importancia y consolidar el presente de cada personaje.

Ejemplo de lo anterior es el momento en que Pérez Galdós detiene la narración que llevaba para contarnos la historia de los Golfín.

DE CONTENIDO

Tipos de descripción

Marianela se encuentra llena de descripciones minuciosas, casi notariales. Constantemente se está haciendo referencia a los paisajes y ambientes de la región. Observemos en detalle la descripción del funcionamiento de la mina:

"El vapor principió a zumbar en las calderas del automóvil, que hacía funcionar a un tiempo los aparatos de los talleres y el aparato de lavado. El agua, que tan principal papel desempeñaba en esta operación, comenzó a correr por las altas cañerías, de donde debía saltar sobre los cilindros. Risotadas de mujeres y ladridos de hombres que venían de tomar la mañana, precedieron a la faena; y al fin empezaron a girar las cribas cilíndricas con infernal chillido; el agua corría de una a otra, pulverizándose, y la tierra sucia se atormentaba con vertiginoso voltear rodando y cayendo de rueda en rueda hasta convertirse en fino polvo achocolatado". (Capítulo V).

De la misma manera, la descripción de los personajes es clara y coherente, expresando la forma física y espiritual de cada uno de ellos.

Para tal fin se emplea el recurso literario del retrato, en el cual se dan a conocer tanto los rasgos físicos como morales de cada individuo. Recordemos que a Galdós le interesa describir "los caracteres humanos, las pasiones, las debilidades, lo grande y lo pequeño, las almas y las fisonomías, todo lo espiritual y lo físico". Veamos la descripción de Pablo Penáguilas:

"Estatura del más excelso barro humano, suave, derecho, con la cabeza inmóvil, (...) Su cara parecía de marfil, contorneada con exquisita finura doncella, era varonil en gran manera, y no había en sus facciones parte alguna ni rastro que tuviese aquella perfección soberana con que fue expresado hace miles de años el pensamiento helénico" (Capítulo V).

Tipos de diálogo

Los diálogos que se presentan en la obra son sencillos y claros. Permiten que el lector conozca el carácter de cada personaje en su propia forma de hablar. Por lo general, estos diálogos son intercambios de ideas y conceptos entre personajes. Por ejemplo, el diálogo de Marianela y Pablo sobre la belleza:

"—(...) hablo de la belleza en absoluto...; ¿no entenderás esto de la belleza ideal?...; tampoco lo entiendes..., porque has de saber que hay una belleza que no se ve ni se toca, ni se percibe con ningún sentido.

—Como, por ejemplo, la Virgen María —interrumpió la Nela—, a quien no vemos ni tocamos, porque las imágenes no son ella misma, sino su retrato.

—Estás en lo cierto—. (Capítulo VII).

Tipos de monólogo

Los monólogos se presentan de manera esporádica en el desarrollo de la obra. Poseen como característica la extensión.

Se pueden clasificar en dos tipos:

De reflexión. En ellos un personaje se adentra en su pensamiento para tratar de explicar los sucesos que le acontecen. Son de particular importancia, ya que por medio de ellos podemos conocer las ideas más íntimas de los personajes. Por ejemplo:

"Encerrándose en sus conchas, Marianela habló así: Madre de Dios y mía, ¿Por qué no me hiciste hermosa?... ¿Por qué cuando mi madre me tuvo no me miraste desde arriba?... Mientras más me miro más fea me encuentro. ¿Para qué estoy yo en el mundo? ¡Para qué sirvo yo? ¿A quién puedo interesar?...". (Capítulo XIII).

De relato. Se usa cuando un personaje recuerda su vida pasada y decide contarla a su interlocutor sin interrupción, sin ser cuestionado en lo mínimo. El caso más palpable es el de la historia de los Golfín, que relata Teodoro a Sofía en el capítulo X:

"Mi hermano tuvo libros, yo ropa, y cuando me vestía de gente, empecé a tejer enfermos (...). Mi hermano y yo, bogábamos sin gran trabajo..., ya no estábamos tristes... Dios sonreía dentro de nosotros". (Capítulo X).

Figuras literarias

La rigurosidad de las descripciones, la sencillez en los diálogos, y la naturalidad en el lenguaje, impiden que la obra abunde en figuras ostentosas y complicadas. Es sabido que a Galdós le interesaba más la información que la belleza y musicalidad de la misma. Por ello, el uso de símiles, metáforas, personificaciones, etc., se hacen de manera sencilla.

Metáfora

Recurso literario mediante el cual se identifican dos objetos distintos por medio de sus cualidades, sin la utilización de términos comparativos. La fórmula más sencilla es A = B.

- *"Las flores son las estrellas de la tierra".*
- *"Las estrellas son las miradas de los que se han ido al cielo".* (Capítulo VI).

Y la más complicada, la metáfora B, es decir, cuando sólo se enuncia el segundo término y se presupone el conocimiento del primero:

- *El "arco iris" por "la vida".* (Capítulo XXI).

Símil

Aquí se realiza el mismo procedimiento de la metáfora, pero utilizando comparativos:

- *"El arroyo, de aguas saturadas de óxido de hierro que corría por el centro semejaba un chorro de sangre".* (Capítulo V).

Personificación

Figura que consiste en atribuir a los seres no racionales (animados o inanimados) cualidades humanas:

- *"¿Esas tenemos, señor planeta?... ¿con que quiere usted tragarme?".*(Capítulo I).

Polisíndeton

Consiste en el empleo de conjunciones reiteradas:

- *"Yo le explico cómo son las hierbas, y las nubes, el cielo y el agua y los relámpagos".* (Capítulo II).

Anáfora

Repetición de una o varias palabras al comienzo de una serie de oraciones, enfatizando el significado de cada una de ellas:

- *"...en efecto, allí había sitio para todo; para los esposos Centeno; para las herramientas de sus hijos; para mil cachivaches de cuya utilidad no hubo pruebas inconclusas; para el gato; para el plato en que comía el gato; para la guitarra de Tanasio; para los materiales que él mismo empleaba en componer garrotes [cestas]; (...) para todo absolutamente".* (Capítulo IV).

Perífrasis

El verdadero objeto o estado de las cosas no se expresa directamente, sino que ha de ser deducido. En el siguiente ejemplo la ceguera se expresa así:

- *"Falto del don que constituye el núcleo de la expresión humana".* (Capítulo V).

VOCABULARIO

Abolengo. Ascendencia de abuelos o antepasados. Patrimonio o herencia.

Abrojos. Planta espinosa. Fruta derivada de esta planta.

Aldeacorba de Suso. Casa de los Penáguilas.

Artesa. Cajón de madera usado comúnmente para amasar el pan.

Berenjenal. Cosa embrollada, revoltijo.

Bivalvo. Que tiene dos valvas; fruta bivalva; la ostra es bivalva.

Bodrio. Guiso mal aderezado. Comida hecha con sobras.

Bollos. Panecillo amasado con huevo, leche, etc.

Bufidos. Voz de animal que bufa. El bufido del toro.

Calamina. Silicato natural de cine.

Catóstrica. Parte de la óptica que estudia la reflexión de la luz.

Cefalálgico. Relativo a la cefalalgia o dolor de cabeza.

Codo. Medida de longitud equivalente a 418 milímetros.

Conceito. Barbarismo por concepto.

Coroide. Membrana interior del globo del ojo entre la córnea transparente y la retina.

Cortafuegos: Pared de considerable grosor que divide un edificio con el fin de que, en caso de incendio, el fuego quede limitado al lugar donde se originó.

Criba. Cualquiera de los aparatos mecánicos que se emplean en agricultura para limpiar las semillas, y en minería, para lavar y limpiar los minerales.

Cristalino. Cuerpo de forma lenticular, situado detrás de la pupila del ojo.

Cuchitril. Cuarto pequeño y estrecho.

Chusca. Que tiene gracia y picardía.

Dolomía. Un tipo de roca.

Donosa. Graciosa, simpática.

Escarpa. Plano inclinado que forma la muralla de un fuerte.

Esquisto. Rocas de tipo plano.

Faltriquera. Bolsillo de una prenda de vestir.

Fementido. Falso, engañoso.

Galerías. Camino subterráneo en las minas.

Gañán. Mozo de labranza.

Garrotes. Cestas.

Gnomo. Nombre de los fantásticos enanos considerados por los cabalistas como espíritus de la tierra y guardianes de las minas.

Guedeja. Pelo largo.

Hucha. Alcancía. Caja para guardar dinero.

Iris. Disco de color vario en cuyo centro está la pupila del ojo.

Jícara. Vasija pequeña de calabaza.

Justillo. Prenda interior sin mangas, que ciñe el cuerpo y no baja de la cintura.

La Terrible. Mina que ha sido demasiado explotada.

Lapa. Molusco que vive pegado a las piedras de las cestas.

Levita. Vestidura de hombre con faldones largos, usada, especialmente, por los académicos.

Lignito. Carbón fósil, muy puro.

Limonita. Óxido, hidratado de hierro.

Martillo-pilón. Martillo de hierro, de gran peso, accionado mecánicamente.

Ninfa. Divinidad femenina de las aguas, los bosques, etc.

Ochavos. Moneda antigua de cobre.

Oligisto. Óxido natural de hierro.

Ondina. Ninfa del agua, según la mitología germánica.

Palurdo. Persona tosca, grosera, sin luces.

Pasadera. Tabla que se pone para cruzar un charco de agua.

Pelado. Ignorante, inculto.

Perol. Vasija de metal.

Pesquis. Entendimiento, agudeza.

Pienso. Alimento seco que se da al ganado.

Pléyade. Grupo de los mejores en una profesión u oficio.

Portalada. Puerta grande que da acceso al patio en que tienen su portal las casas señoriales.

Pragmática. Ley impuesta por la autoridad de una familia o de una comunidad.

Porra. Cabeza del bastón; parte superior del bastón.

Puchero. Vasija para cocinar alimentos.

Refajo. Saya interior o enaguas que usan las mujeres para abrigo.

Regato. Charco, arroyuelo.

Ratahíla. Serie de cosas puestas en fila o que se suceden o mencionan por su orden.

Roman. Palabra francesa que significa "novela".

Sarmiento. Vástago de la vid.

Señana. Señora Ana.

Silfo. Genio del aire en la mitología céltica y germánica.

Sochantre. El que dirige el coro en los oficios divinos.

Talud. Declive del paramento de un muro o del suelo.

Tercia de alto. Tercera parte de la vara.

Trascava. Después de cavar. En *Marianela* es un abismo que hay en la región de Socartes.

Tritón. Dios del mar, mitad hombre y mitad pez.

Vereda. Camino angosto, formado por el tránsito de peatones y ganado.

Villamojada o Villafangosa. Villa llena de lodo.

CRONOLOGÍA SUMARIA

1843-1853

El autor y su obra. Benito Pérez Galdós nace en las Islas Canarias, el 19 de mayo de 1843.

España y el mundo. Queda abolida la ley por la cual un español no puede estudiar en el exterior, iniciando la renovación intelectual y moral del país (1843). Después de ser elegido por el consejo, Narváez asume la presidencia de España (1848). Rebelión contra el imperio español en Cuba (1851). **Cultura.** José Zorrilla: *Don Juan Tenorio* (1848). Honorato de Balzac inicia la publicación de *La comedia humana* (1847). Charles Dickens: *Papeles póstumos del club Pickwick* (1850).

1845-1864

El autor y su obra. Después de cursar sus estudios de bachillerato en Las Palmas, capital de las Islas Canarias, viaja a Madrid para estudiar Derecho (1862).

España y el mundo. O'Donnell se subleva y sustituye al presidente Narváez (1858). Comienza la guerra de África, que durará un año (1859). Benito Juárez entra en la capital mexicana y es proclamado presidente (1861). España, Francia e Inglaterra se unen (1861) para luego invadir México y derrocar a Suárez (1863). En EE.UU. Abraham Lincoln es elegido presidente (1860). **Cultura.** Bécquer: *Rimas* (1860).

1865-1875

El autor y su obra. Colabora en el diario *La Nación* (1865). Como periodista presencia un enfrentamiento entre estudiantes y policías (1865) y el fusilamiento de los sargentos sublevados en San Gil (1866). Traduce el *Pickwick* de Dickens (1866). Hace su primer viaje a París y conoce la obra de Balzac (1867). Colabora en el periódico *El Debate* (1868). Publica su primera novela: *La fontana de oro* (1870). Empieza la primera serie de los *Episodios nacionales* (1873).

España y el mundo. O'Donnell abandona el cargo y la reina Isabel nombra nuevamente a Narváez (1863), hecho que genera el intento de golpe de Estado del general Prim (1865). Se inicia la revolución burguesa; la reina se exilia en París (1868). Se elige a Amadeo de Saboya como rey de España (1875-1876). Asesinado Lincoln en EE.UU. (1865). Benito Juárez regresa a Ciudad de México y es reelegido presidente (1867). Estalla la guerra de independencia en Cuba y Puerto Rico (1868). **Cultura**. Juan Valera: *Pepita Jiménez* (1874).

1876-1886

El autor y su obra. Publica *Doña Perfecta* (1876), *Gloria* (1877), *Marianela* y *La familia de León Roch* (1878). Alcanza gran celebridad como novelista y se dedica a viajar por Europa. *El doctor Centeno* (1883). *La de Bringas* (1884). *Fortunata y Jacinta* (1886).

España y el mundo. Regreso de Isabel II (1877). Primer gobierno liberal de la Restauración (1881). EE. UU. Invade a Panamá (1885). Clarín: *La Regenta* (1884).

1887-1897

El autor y su obra. Publica *Miau* (1888). Inicia las *Novelas de Torquemada* (1889), *Ángel Guerra* (1890), *La loca de la casa* (1892).

Versión dramática de *Realidad* y *Torquemada en la Cruz* (1893). *Nazarín*(1895). *Misericordia* (1897). El mismo año ingresa en la Academia Española de la Lengua.

España y el mundo. Se funda el partido político español de El Integrismo (1888). Gobierno de Notables en Madrid (1892). Nicolás II, Zar de Rusia (1894). **Cultura**. Menéndez Pelayo: *Antología de los poetas hispanoamericanos* (1893). Rubén Darío: *Azul* (1888). José Asunción Silva: *Nocturno* (1884). Karl Marx: *El capital* (1895).

1898-1908

El autor y su obra. Publica *Zumalacárregui* (1898). La Academia de la Lengua se niega a proponerlo para el premio Nobel por razones políticas (1905). Es elegido diputado en Madrid por el partido Republicano (1906).

España y el mundo. Después de la guerra EE.UU. –España, Cuba, Puerto Rico, Filipinas y UAM adquieren la independencia (1898). Tratado franco-español sobre el norte de África (1900). EE.UU. se apodera del Canal y se produce la separación de Panamá (1903). **Cultura**. En España surge un nuevo grupo de escritores que se conoce con el nombre de Generación del 98 (Manuel Machado, Antonio Machado, Miguel de Unamuno, Valle-Inclán, entre otros). Emilia Pardo Bazán: *Cuentos sacroprofanos* (1899).

1909-1920

El autor y su obra. Estrena *Casandra* (1910). *Amadeo I* (1910). Vuelve a ser elegido diputado (1912). Es víctima de la ceguera progresiva; publica *Santa Juana del Castillo* (1918). Muere el 4 de enero de 1920.

España y el mundo. Se inicia la Primera Guerra Mundial (1914-1918). En 1917 es derrocado el gobierno zarista y se proclama la revolución socialista en Rusia. Nacen Ernesto Sábato (1911), autor de *El túnel*, Albert Camus (1913), autor de *El extranjero* y Julio Cortázar (1914), autor de *Rayuela*.

CRÍTICAS SOBRE LA OBRA

"Defensor del realismo, Galdós ni pregona ni practica la mera reproducción inmediata del mundo observado, y su universo está siempre elevado a una muy alta categoría estética en la que la riqueza de caracteres y el poder imaginativo quedan muy distantes del puro y escueto descriptivismo. Balzac y Dickens son los admirados maestros de Galdós, pero como Dickens o Balzac, don Benito hace de la observación no un fin en sí mismo sino el medio para crear la obra de arte".

CAMILO JOSÉ CELA, Premio Nobel de Literatura 1989.

"Como Balzac, Galdós entreteje a sus personajes, que a menudo aparecen en varias novelas, hasta dar, con plena visualidad, el Madrid de entonces, incluso en sus clases pobres, a pesar de que él declaró que sus materiales eran las clases medias, hasta entonces desdeñadas por la literatura española (...). Galdós no pretende obtener tesis ni resultados: es un apasionado de la observación (...) su poder supremo es un asombroso talento para organizar la acción de modo que cautive al lector, sin llegar a recursos de suspenso folletinesco, pero sin detenerse tampoco en análisis. Los personajes hablan y se mueven con tal vitalidad, que acaba sobrando la voz del autor, por más que no se deje de oír al fondo su son irónicamente clasicista".

JOSÉ MARÍA VALVERDE, traductor y crítico español.

"Su obra constituye un conjunto impresionante, un amplísimo cuadro del Madrid de su tiempo, en el que nadie falta:

los burgueses adinerados, los nobles arruinados, los burócratas influyentes, las pobres gentes, etc.; en sus miles de páginas analiza los sentimientos más nobles y los más mezquinos, el ideal y la bajeza, la picaresca, la caridad y la avaricia...".

FERNANDO LÁZARO CARRETER, crítico y poeta español.

"Echando una ojeada retrospectiva, nos damos cuenta de que la maestría artística que Galdós ejerce sobre la palabra hablada, constituye una de las grandes diferencias que separan a esta novela de los documentos humanos escritos por los naturalistas. Los naturalistas transcriben los diálogos y los típicos orales como partes de un conjunto escrito; no los utilizan en forma creadora.

El personaje típico de los naturalistas se caracteriza por una predeterminada falta de conciencia, que necesariamente limita su capacidad para el lenguaje significativo. Galdós, en cambio, situado en la tradición oral del *Lazarillo* y de *La celestina* (...), centra su atención en la conciencia de los personajes. Cada uno de ellos habla, y al hablar se conoce a sí mismo (...). Le interesan en la medida en que su lenguaje nos hace oír su conciencia luchando con las dificultades ajenas al ser lo que son".

STEPHEN GILMAN, crítico y profesor norteamericano.

"Por mucho que Galdós, espíritu abierto y libre, rechaza —como rechazó con ironía— las posiciones doctrinales y el programa sociológico-literario de los naturalistas, no deja sin embargo de aplicarse con clara deliberación al estudio de la sociedad, convencido de que la clase media estaba llegando en España, o acaso había llegado ya, a ser protagonista de la historia nacional, y de que a él le correspondía ser su cronista y su crítico, interesado en el proceso estabilizador que, dentro de los postulados democráticos y liberales, debía cumplir esa clase. (...).

La novela desempeña en la Edad Moderna (esto es, a partir del Renacimiento y la Reforma) una función social muy eminente.

Tras la crisis de la Cristiandad y a raíz de la ruptura de la unidad de la Iglesia, el escritor ha venido a asumir en el mundo occidental aquella autoridad espiritual que el clero había ejercido durante la Edad Media. A él compete desde entonces la tarea de ofrecer una visión de mundo, de suministrar una interpretación de la realidad, de proponer las normas de juicio y de conducta que orienten a las gentes en la vida cotidiana. Y esto es lo que hace Galdós a lo largo de toda su obra novelística".

FRANCISCO AYALA, novelista y crítico español.

TALLERES Y PREGUNTAS

1. Haga una corta biografía de Galdós.

2. Enumere algunas de las obras más importantes de este autor español.

3. ¿Qué es el realismo en literatura?

4. ¿Qué pretenden los autores del realismo?

5. Enumere algunos escritores realistas y mencione algunas de sus obras.

6. ¿Cuáles son los dos aspectos más sobresalientes en la obra de Pérez Galdós?

7. ¿Cuál es el tema de la novela *Marianela*?

8. Describa con sus palabras el desarrollo argumental de la obra.

9. Haga un comentario personal de cada uno de estos personajes: Carlos Golfín, Marianela, Pablo de Penáguilas, Celipín Centeno.

10. Nombre tres personajes secundarios y diga sus principales características.

11. ¿Cuáles fueron las causas de la muerte de los padres de Marianela?

12. ¿Qué es la Trascava?

13. ¿Qué otro nombre recibe la familia Centeno en la obra? ¿Por qué?

14. ¿Cuáles son los miembros de la familia Centeno?

15. Describa qué tipo de persona es don Francisco Penáguilas.

16. ¿Cuál es la mayor ilusión de este personaje?

17. ¿Quién era el "Patriarca de Aldeacorba"?
    a. Teodoro Golfín.
    b. Sinforoso Centeno.
    c. Celipín Centeno.
    d. Francisco Penáguilas.
    e. Moisés Téllez.

18. ¿De qué forma describe la naturaleza Pablo?

19. ¿Cuál era su relación con Marianela?

20. Para Marianela lo más importante era:
    a. El dinero, representado por don Francisco.
    b. La belleza, representada en la Virgen María.
    c. El triunfo, representado por Teodoro.
    d. El amor, representado en Pablo.
    Explique brevemente su respuesta.

21. ¿Qué le sucede a Pablo al levantarse las vendas?

22. ¿Cómo era Marianela para Pablo?
    a. Antes de la operación
    b. Después de la operación.

23. Después de muerta, ¿qué nombre recibió Marianela?

24. Diga el significado de las siguientes palabras:
    a. Bivalvo.
    b. Bufidos.
    c. Ochavos.
    d. Sochantre.

25. La revolución de 1868 en España estaba dirigida contra:
    a. Carlos IV.
    b. Los militares.
    c. Amadeo I.
    d. Isabel II.
    e. El Papa.

26. Se puede afirmar que la España de la segunda mitad del siglo XIX se encontraba sumida en continuas agitaciones políticas. ¿Por qué?

27. ¿Cuáles fueron los acontecimientos que ocurrieron durante el reinado de Isabel II y de qué forma influyeron en la obra de Galdós?

28. Haga un comentario personal sobre el realismo.

29. Haga un comentario personal sobre el realismo en Galdós.

30. Coloque (falso) F o (verdadero) V según cada opción. Reescriba correctamente las opciones falsas:
    a. Florentina no hizo ninguna promesa a la Virgen.
    b. Pablo, después de la operación, sólo veía manchas multicolores.
    c. La Nela, desde la operación de Pablo, no vuelve a casa de los Penáguilas.
    d. Pablo cumple su promesa de amar eternamente a la Nela.

31. Finalmente, realice una reflexión personal en torno a la novela *Marianela.*

BIBLIOGRAFÍA BÁSICA

AYALA, Francisco: *La novela: Galdós* y *Unamuno*, Barcelona, Ed. Seix Barral, 1974.

CELA, Camilo José: "La novela realista española del siglo XIX", en *Historia universal de la literatura*, Bogotá, Ed. Oveja Negra, 1982.

PÉREZ GALDÓS, Benito: *Marianela*, México, Ed. Espasa Calpe, 1977.

PÉREZ GALDÓS, Benito: *Marianela*. Madrid, Ed. Alianza, 1980.

ZAVALA, Iris: "Romanticismo y realismo" (Volumen V de la *Historia y crítica de la literatura española* de Francisco Rico; incluye artículos de José Montesinos, Joaquín Casalduero, Ricardo Gullón y William Shoemaker, entre otros), Editorial Crítica, Barcelona, 1982.

Obras analizadas

- Amalia
- Ana Karenina
- Así habló Zarathustra
- Aura
- Cien años de soledad
- Crimen y castigo
- Crónica de una muerte anunciada
- Cuentos de Borges
- Del amor y otros demonios
- Diálogos
- Discurso del método
- Don Juan Tenorio
- Don Segundo Sombra
- Don Quijote de la Mancha
- Doña Bárbara
- Edipo Rey
- El astillero
- El avaro, El médico a palos y El Tartufo
- El banquete
- El coronel no tiene quien le escriba
- El extranjero
- El general en su laberinto
- El jugador
- El Lazarillo de Tormes
- El llano en llamas
- El otoño del patriarca
- El poema del Mío Cid
- El Popol Vuh
- El Príncipe
- El Principito
- El Rey Lear
- El señor presidente
- El túnel
- El viejo y el mar
- Eneida
- Ética nicomaquea
- Facundo
- Hamlet
- Ilíada
- La cabaña del tío Tom
- La Divina Comedia
- La guerra y la paz
- La mala hora, La hojarasca
- La marquesa de Yolombó
- La metamorfosis y Carta al padre
- La montaña mágica
- Las aventuras de Tom Sawyer
- Las venas abiertas de América Latina
- María
- Madame Bovary
- Manuela
- Marianela
- Muerte en Venecia
- Odisea
- Pedro Páramo
- Romeo y Julieta
- Sobre héroes y tumbas
- Siervo sin tierra